LES ATELIERS DE MasterChef

LES CLASSIQUES

CHRISTOPHE DOVERGNE & DAMIEN DUQUESNE

PHOTOGRAPHIES LA FOOD
ANNE FERREIRA & THOMAS DHELLEMMES

SOLAR
EDITIONS

SOMMAIRE

PAGE 6
CRÈME DUBARRY

PAGE 12
TERRINE DE POISSON

PAGE 18
ŒUFS COCOTTE
MOUILLETTES D'ASPERGE VERTE

PAGE 24
COQUILLES SAINT-JACQUES
AUX NOISETTES

PAGE 30
SOUFFLÉS AU FROMAGE

PAGE 36
FOIE GRAS EN TERRINE

PAGE 42
SAUMON FUMÉ

PAGE 48
TERRINE DE LAPIN
AUX FOIES DE VOLAILLE

PAGE 54
ALLUMETTES AU FROMAGE

PAGE 60
VOL-AU-VENT

PAGE 66
RATATOUILLE

PAGE 72
BLANQUETTE DE VEAU

PAGE 78
QUICHE AUX OIGNONS

PAGE 84
LÉGUMES FARCIS

PAGE 90
POTÉE

PAGE 96
POT-AU-FEU
QUI DEVIENT HACHIS PARMENTIER

PAGE 102
CHOUCROUTE AU RIESLING

PAGE 108
BŒUF BOURGUIGNON

PAGE 114
NAVARIN D'AGNEAU

PAGE 120
POULET SAUTÉ À LA BASQUAISE
ET TIAN DE LÉGUMES

PAGE 126
SAUMON À L'OSEILLE,
JARDINIÈRE DE LÉGUMES

PAGE 132
SOLES MEUNIÈRE

PAGE 138
BOUILLABAISSE

PAGE 144
FRICASSÉE DE LAPIN CHASSEUR,
POMMES DAUPHINE

PAGE 150
PAUPIETTES DE VEAU
ET GRATIN DAUPHINOIS

PAGE 156
CANARD À L'ORANGE,
RAGOÛT DE LÉGUMES D'HIVER

PAGE 162
TARTE AUX POMMES
SUR COMPOTE

PAGE 168
RIZ AU LAIT

PAGE 174
MINIBABAS CHANTILLY

PAGE 180
PROFITEROLES

PAGE 186
MOKA

PAGE 192
MACARONS

PAGE 198
PARIS-BREST

PAGE 204
OPÉRA

PAGE 210
ÉCLAIRS AU CHOCOLAT

PAGE 216
ANNEXES

LES ATELIERS DE MasterChef

CRÈME DUBARRY

35 min PRÉPARATION + 1 h 50 CUISSON = 2 h 25 TOUT COMPRIS

★ NIVEAU

€ BUDGET

INGRÉDIENTS	POUR 8 PERSONNES
BLANCS DE POIREAU	250 g
CHOU-FLEUR	1
BEURRE	125 g + 25 g
FARINE	100 g
LAIT	2 l
CRÈME FRAÎCHE	20 cl
SEL	

● **BOISSON** riesling // côtes-de-provence blanc

CHANGEMENT D'ASSOCIATIONS

EXOTIQUE

▶ Parfumer et colorer le potage avec du lait de coco et de la citronnelle.

AUTRE LIQUIDE

▶ Remplacer la moitié du lait par du fond blanc de volaille.

PAS TOUJOURS BLANC...

Si la couleur n'est pas primordiale et qu'on veut un goût de chou-fleur encore plus prononcé, faire cuire les bouquets dans un peu de beurre chaud jusqu'à ce qu'ils colorent légèrement et deviennent tendres, puis reprendre le cours de la recette à l'étape 4, en ajoutant le poireau.

AVEC LE POTAGE

Servir le potage avec des croûtons de pain frits.

EN TOUTE SAISON !

Cette recette se fait très facilement avec du chou-fleur surgelé, à condition de bien le choisir cru et en bouquets ! Sans le décongeler, le plonger directement dans une grande marmite pleine d'eau bouillante salée, pour le blanchir.

TENDREMENT VERT...

Pour réaliser un délicieux potage d'un beau vert tendre, remplacer le chou-fleur par du brocoli, et suivre la même recette.

PAS DE RIESLING ?

Le remplacer par un bourgogne aligoté.

PAS DE PERTES !

Utiliser l'ensemble du chou-fleur pour réaliser le potage, cœur compris.

AVEC CETTE RECETTE

JE SAIS MAINTENANT

- ☐ FAIRE SUER UN LÉGUME
- ☐ LIER UN POTAGE
- ☐ CRÉMER UN POTAGE

JE ME NOTE

...../20

PRIMEUR

CRÉMERIE

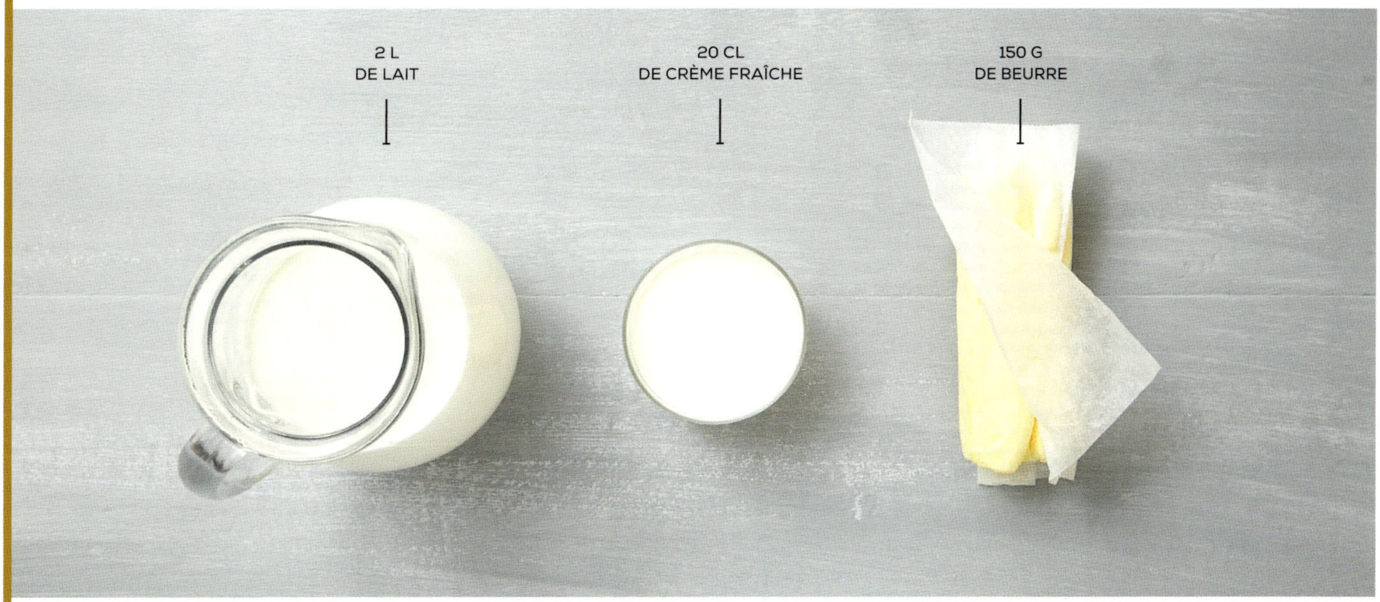

ÉPICERIE

1

PRÉPARER LES LÉGUMES

15 MINUTES

Laver et éplucher le chou-fleur et les blancs de poireau.

Émincer finement les blancs de poireau.

CONSEIL MasterChef

ÉMINCER SIGNIFIE COUPER UN INGRÉDIENT (FRUIT, LÉGUME OU VIANDE) EN TRANCHES OU EN RONDELLES DE MÊME TAILLE.

Séparer le chou-fleur en bouquets, en enlevant le trognon et les plus grosses tiges.

Sur ces bouquets, prélever environ 200 g de sommités de chou-fleur ; les réserver.

CONSEIL MasterChef

LES SOMMITÉS SONT LES TOUT PETITS BOUQUETS QUI SE TROUVENT À LA SURFACE DE LA POMME DU CHOU-FLEUR. ELLES DOIVENT ÊTRE PRÉLEVÉES À L'AIDE D'UN PETIT COUTEAU POINTU.

2

BLANCHIR LE CHOU-FLEUR

2 MINUTES

+ CUISSON 10 MIN

Mettre les bouquets de chou-fleur dans une grande casserole, les couvrir largement d'eau et les blanchir pendant 8 à 10 minutes.

CONSEIL MasterChef

BLANCHIR LES BOUQUETS DE CHOU-FLEUR AVEC UN DÉPART À L'EAU FROIDE PERMET D'ÉLIMINER L'ÂCRETÉ DU CHOU.

Égoutter les bouquets de chou-fleur en fin de cuisson.

3

CUIRE LES SOMMITÉS

3 MINUTES

+ CUISSON **5 MIN**

Porter à ébullition de l'eau salée dans une casserole.

Plonger les sommités de chou-fleur dans l'eau bouillante et les cuire à l'anglaise pendant 5 minutes.

CONSEIL MasterChef

CUIRE À L'ANGLAISE CONSISTE À PLONGER UN LÉGUME DANS DE L'EAU BOUILLANTE SALÉE JUSQU'À CE QU'IL SOIT CUIT, PUIS À ARRÊTER BRUTALEMENT SA CUISSON EN L'IMMERGEANT DANS DE L'EAU GLACÉE.

Égoutter les fleurettes en veillant à ne pas les abîmer et les rafraîchir aussitôt, puis les égoutter de nouveau et réserver.

4

CUIRE LE POTAGE

15 MINUTES

+ CUISSON **1 H 35**

Faire fondre 125 g de beurre sans coloration, dans un récipient de cuisson assez haut.

Ajouter les blancs de poireau émincés et les faire suer pendant environ 5 minutes à feu très doux.

CONSEIL MasterChef

FAIRE SUER UN LÉGUME, DE L'OIGNON OU DES ÉCHALOTES CONSISTE À LES FAIRE CUIRE SANS LES LAISSER COLORER : L'EAU DE VÉGÉTATION S'ÉVAPORE ET LES SAVEURS SONT CONCENTRÉES.

Saupoudrer les poireaux de la farine, mélanger comme pour faire un roux et laisser cuire quelques minutes à feu très doux.

Mouiller avec 2 litres de lait.

Ajouter le chou-fleur blanchi, saler et porter rapidement à ébullition.

Couvrir et laisser mijoter à feu doux pendant 1 h 30. Ajouter la crème et prolonger la cuisson de 5 minutes.

Au terme de la cuisson, mixer en velouté à l'aide d'un mixeur plongeant.

Rectifier l'assaisonnement et ajouter 25 g de beurre détaillé en parcelles.

Ajouter les fleurettes mises de côté, mélanger délicatement et servir.

LES ATELIERS MasterChef

CRÈME DUBARRY

LES ATELIERS DE MasterChef

TERRINE
DE POISSON

PRÉPARATION	CUISSON	ATTENTE	TOUT COMPRIS	NIVEAU	BUDGET
50 min	1 h	3 h 30	5 h 20	★	€€

INGRÉDIENTS	POUR 8 PERSONNES
BEURRE	25 g
CAROTTE	1
POIREAU	1
CHAIR DE MERLAN	500 g
BLANCS D'ŒUF	2
CRÈME LIQUIDE ENTIÈRE	400 g
SEL FIN	20 g
PIMENT D'ESPELETTE	3 g

● **BOISSON** chablis // viognier

CHANGEMENT D'ASSOCIATIONS

PLUS DE VERT

▶ Ajouter de la ciboulette ciselée finement dans la terrine, autant pour la couleur que pour la saveur.

AUX FRUITS DE MER

▶ Ajouter des moules et des crevettes cuites dans la farce crue pour réaliser une terrine aux fruits de mer.

30

30 MIN AVANT

PLACER LE MATÉRIEL DE HACHAGE AU RÉFRIGÉRATEUR (À 3 °C).

PAS DE MERLAN ?

Tous les poissons se prêtent à cette recette, mais préférez la sole, le saumon ou la truite.

SANS BLANC D'ŒUF

Le blanc d'œuf permet de bien amalgamer la farce. Il n'est pas indispensable si le poisson est très frais, mais la farce sera plus fragile après cuisson.

LA FARCE MOUSSELINE

Utiliser cette farce pour farcir, bien entendu, mais aussi pour réaliser des quenelles, des boudins ou des nuggets de poisson.

AUX SAINT-JACQUES ?

Cette recette fonctionne très bien avec des saint-jacques à la place du poisson ; dans ce cas, ne pas ajouter d'œufs.

AVEC CETTE RECETTE

JE MAÎTRISE MAINTENANT

- ☐ LA FARCE MOUSSELINE
- ☐ LE MONTAGE D'UNE TERRINE

JE ME NOTE

...../20

POISSONNERIE

ÉPICERIE / PRIMEUR

CRÉMERIE

1

PRÉPARER LE MATÉRIEL

5 MINUTES

+ ATTENTE 30 MIN

Placer le matériel de hachage au réfrigérateur (à 3 °C) pendant 30 minutes.

Beurrer grassement le plat prévu pour la terrine, puis le stocker au froid.

CONSEIL MasterChef

UTILISER DU BEURRE EN POMMADE POUR GRAISSER UN MOULE PERMET UNE APPLICATION AISÉE ET ASSURE UN MEILLEUR RÉSULTAT.

2

PRÉPARER LES ÉLÉMENTS DE DÉCOR

10 MINUTES

+ CUISSON 5 MIN

Porter de l'eau salée à ébullition dans une marmite.

Éplucher la carotte, puis la canneler et la détailler en fines rondelles. Séparer les feuilles du poireau et les laver.

Pocher à l'anglaise le poireau et la carotte séparément. Les rafraîchir dans un bain d'eau glacée et les égoutter.

Détailler des formes géométriques dans le blanc et le vert de poireau. Les réserver sur du papier absorbant.

3

LA FARCE MOUSSELINE

15 MINUTES

Parer les filets de poisson : supprimer la peau, les arêtes, les nerfs...

Détailler les filets en gros morceaux et les placer dans la cuve bien froide du hachoir.

Les saler une première fois, puis les hacher rapidement en procédant par courtes impulsions.

CONSEIL MasterChef

SALER LES MORCEAUX DE POISSON PERMET DE MIEUX RETENIR L'EAU QU'ILS RENFERMENT LORS DU HACHAGE.

Ajouter les blancs d'œuf et continuer de hacher, jusqu'à obtention d'une pâte fine.

Émulsionner la farce : la mixer à vitesse moyenne en ajoutant progressivement la crème.

Assaisonner la farce, puis la serrer en la mixant quelques secondes à grande vitesse.

4

LA TERRINE

20 MINUTES

+ CUISSON DE 45 MIN À 1 H
+ ATTENTE 3 H AU MOINS

PRÉCHAUFFER LE FOUR À 125 °C (TH. 4).

AVEC MON FOUR : TH. ____________

Chemiser le fond et les bords de la terrine avec les éléments de décor.

Garnir la terrine de farce mousseline à l'aide d'une spatule, en veillant à ne pas déplacer les éléments de décor.

Tapoter délicatement le moule pour éliminer les éventuelles poches d'air et lisser la surface.

Placer du papier cuisson percé de quelques trous dans un plat à four, ajouter de l'eau et poser la terrine dans ce bain-marie.

Enfourner et laisser cuire de 45 minutes à 1 heure. Contrôler la cuisson avec une pointe de couteau ou une sonde (65 °C à cœur).

Sortir la terrine et plonger le fond dans un bain d'eau glacée. Réserver au réfrigérateur durant quelques heures.

Pour démouler la terrine, la tremper partiellement dans un bain d'eau très chaude durant quelques secondes.

Renverser la terrine dans le plat de service et la tapoter ou s'aider d'un couteau fin pour faire descendre la préparation.

TERRINE DE POISSON

LES ATELIERS DE MasterChef

ŒUFS COCOTTE
MOUILLETTES D'ASPERGE VERTE

25 min PRÉPARATION + 20 min CUISSON = 45 min TOUT COMPRIS

★ NIVEAU

€ BUDGET

INGRÉDIENTS	POUR 8 PERSONNES
ASPERGES VERTES	16
CRÈME FRAÎCHE LIQUIDE	15 cl
BEURRE	50 g
ŒUFS EXTRAFRAIS (À TEMPÉRATURE AMBIANTE)	8
SEL FIN	
POIVRE BLANC	

● **BOISSON** pinot gris // sancerre

2 H AVANT

SORTIR LES ŒUFS DU FROID pour les amener à température ambiante.

PLUS COMPLEXE
Monter les blancs en neige, les mouler dans un cercle jusqu'à mi-hauteur, ajouter le jaune et recouvrir du reste de blancs en neige, puis cuire 3 minutes à la vapeur.

TOUTES LES FORMES
La forme des ramequins importe peu : le blanc cru est liquide, il remplira les moules quelle que soit leur forme.

PAS DE CRÈME ?
La remplacer par une béchamel légère, à base d'un roux additionné de lait, et parfumée à la noix de muscade (voir p. 220).

PLUS DE GOÛT
Remplacer la crème par une sauce au vin rouge (voir p. 220) et agrémenter le tour de l'œuf avec une garniture bourguignonne.

CHANGEMENT D'ASSOCIATIONS

MOUILLETTES DE PAIN
▶ Remplacer les asperges par des mouillettes de pain de campagne frottées à l'ail et à la tomate.

ŒUFS À LA COQUE
▶ Les asperges font aussi de parfaites mouillettes pour les œufs à la coque.

AVEC CETTE RECETTE

JE MAÎTRISE MAINTENANT

- ☐ LA CUISSON À L'ANGLAISE DES ASPERGES
- ☐ L'ŒUF COCOTTE
- ☐ LA MISE EN PLACE D'UN BAIN-MARIE

JE ME NOTE

...../20

CRÉMERIE

PRIMEUR

ÉPICERIE

1

LES ASPERGES

10 MINUTES

+ CUISSON 5 MIN

Mettre à chauffer un grand volume d'eau salée dans un récipient de cuisson à bord haut.

Laver délicatement les asperges. Si nécessaire, peler la queue de chacune d'elles de la tête vers la base.

Parer la base des asperges pour uniformiser la longueur.

Lier les asperges en bottes de quatre pièces.

CONSEIL MasterChef

ATTACHER LES ASPERGES LEUR ÉVITE DE SE CASSER EN SE CHOQUANT LORS DE LA CUISSON, ET LES PARER RÉGULIÈREMENT LEUR ASSURE UNE CUISSON HOMOGÈNE.

Immerger les bottes d'asperges dans l'eau bouillante, si possible verticalement de façon que les pointes restent hors de l'eau.

CONSEIL MasterChef

LE MAINTIEN (LORSQUE C'EST POSSIBLE) DES POINTES D' ASPERGE HORS DE L'EAU PERMET DE LES GARDER UN PEU CROQUANTES ALORS QUE LES TIGES SERONT TENDRES.

Vérifier la cuisson en piquant une asperge de la pointe d'un couteau : si elle pénètre très facilement, les asperges sont cuites.

Rafraîchir les asperges dans un bain d'eau glacée, puis les égoutter et les éponger soigneusement. Réserver au frais.

2

PRÉPARER LE BAIN-MARIE

Choisir un récipient de cuisson assez large pour 8 ramequins et découper une feuille de papier cuisson à la taille du fond.

Percer la feuille de quelques petits trous et la déposer sur le fond du récipient.

Verser 2 à 3 cm d'eau dans le récipient et porter à frémissement. Prévoir un peu d'eau bouillante pour un appoint éventuel.

3

LA CRÈME

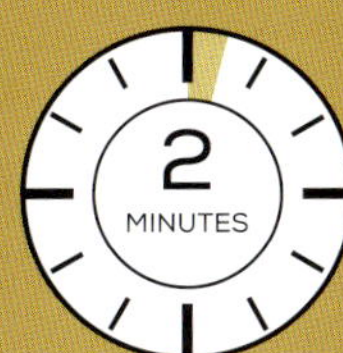

+ CUISSON 10 MIN

Assaisonner la crème, la verser dans une petite casserole et porter à ébullition rapidement.

Baisser le feu et laisser réduire doucement jusqu'à ce que la consistance soit nappante.

4

LES ŒUFS COCOTTE

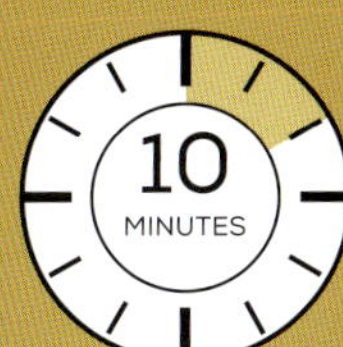

+ CUISSON 3 À 4 MIN

Beurrer grassement 8 ramequins avec le beurre, préalablement travaillé en pommade.

CONSEIL MasterChef

UN BEURRE EN POMMADE EST UN BEURRE TRÈS MOU (MAIS PAS FONDU), À LA CONSISTANCE ONCTUEUSE.

Saler et poivrer le fond des ramequins.

Casser un œuf dans chacun d'eux, en veillant à ne pas crever le jaune.

Placer les ramequins dans le bain-marie frémissant.

L'eau du bain-marie doit arriver à la moitié de la hauteur des ramequins ; faire l'appoint d'eau bouillante si nécessaire.

Faire cuire pendant 3 à 4 minutes ; le blanc doit être encore laiteux, et le jaune cru mais chaud.

Sortir les ramequins l'un après l'autre et les essuyer avec un torchon.

Verser un cordon de crème réduite sur le blanc d'œuf, sans recouvrir le jaune. Servir avec les asperges.

LES ATELIERS MasterChef

ŒUFS COCOTTE, MOUILLETTES D'ASPERGE VERTE

LES ATELIERS DE MasterChef

COQUILLES SAINT-JACQUES
AUX NOISETTES

PRÉPARATION 1 h + CUISSON 10 min = TOUT COMPRIS 1 h 10

NIVEAU ★★

BUDGET €€€

INGRÉDIENTS	POUR 8 PERSONNES
COQUILLES SAINT-JACQUES	24
NOISETTES MONDÉES	125 g
BEURRE	80 g + 20 g
CIBOULETTE	¼ de botte
FLEUR DE SEL	
POIVRE BLANC	

● **BOISSON** quincy // chablis

CHANGEMENT D'ASSOCIATIONS

DU RELIEF
▶ Ajouter de fines tranches de lard fumé étalées sur une plaque et séchées au four à 160 °C jusqu'à ce qu'elles soient croustillantes.

ESTIVAL
▶ Accompagner ces saint-jacques d'une vinaigrette à base de jus d'orange et d'huile d'olive vierge.

COQUILLES ET COQUILLES...
Lors de l'achat des coquilles, il faut lire attentivement l'étiquette, car la législation est assez floue dès qu'il ne s'agit plus de coquillages entiers et frais. Si l'on achète des produits surgelés ou des noix conservées en saumure, il faut bien vérifier qu'il s'agit d'*Argopecten maximus* ; les autres saint-jacques sont de la même famille, mais ne proviennent pas de nos côtes !

PAS DE COQUILLES FRAÎCHES ?
Utiliser des noix surgelées, mais attention à bien choisir des *Pecten maximus.*

BIEN AU SEC Ne pas laisser les noix de saint-jacques baigner dans l'eau, elles s'en gorgeraient et deviendraient insipides. Les rincer et les poser sur du papier absorbant, puis les filmer et les stocker au réfrigérateur.

VITE CUITE
La noix de la coquille Saint-Jacques cuit très vite ; elle doit rester nacrée à cœur, donc une cuisson d'environ 40 secondes de chaque côté est un maximum.

CORAIL OU PAS ?
Le corail se mange, mais ce n'est pas la meilleure partie de la coquille.

CRUE !
Bien fraîche, la noix de saint-jacques se déguste aussi en tartare ou en carpaccio. Crue, elle a un petit goût de noisette !

AVEC CETTE RECETTE

JE SAIS MAINTENANT

- ☐ OUVRIR DES COQUILLES SAINT-JACQUES
- ☐ FAIRE SAUTER DES NOIX DE SAINT-JACQUES

JE ME NOTE

...../20

POISSONNERIE

PRODUITS FRAIS

ÉPICERIE

1

PRÉPARER LES SAINT-JACQUES

45 MINUTES

Prendre une coquille et la maintenir à plat dans le creux de la main, charnière vers soi.

Glisser la pointe d'un couteau à lame épaisse entre les coquilles pour écarter les valves par effet de levier.

Maintenir la coquille ouverte en plaçant un doigt à l'avant.

Racler la coquille plate avec la lame du couteau inclinée vers le haut pour détacher la noix.

Séparer les deux coquilles, puis détacher la noix de la coquille creuse à l'aide d'une cuillère à soupe.

Séparer du bout des doigts les barbes qui entourent la noix.

Supprimer le corail.

Ôter délicatement la membrane et le petit nerf qui sont accolés à la noix.

Prélever toutes les noix de cette façon, puis les rincer sous un filet d'eau froide et les réserver au frais.

2

TORRÉFIER LES NOISETTES

5 MINUTES

+ CUISSON 5 MIN

Torréfier les noisettes entières à la poêle ou sous le gril du four, puis laisser refroidir.

CONSEIL MasterChef

LA TORRÉFACTION VA APPORTER AUX NOISETTES DES ARÔMES SUPPLÉMENTAIRES ET UN PETIT GOÛT DE GRILLÉ TRÈS AGRÉABLE.

Concasser les noisettes.

3

CUIRE LES NOIX DE SAINT-JACQUES

10 MINUTES

+ CUISSON 5 MIN

Éponger soigneusement chaque noix de saint-jacques l'une après l'autre à l'aide de papier absorbant.

CONSEIL MasterChef

ENLEVER LE MAXIMUM D'HUMIDITÉ SUR LES NOIX DE SAINT-JACQUES PERMET D'OBTENIR UNE BELLE ET RAPIDE COLORATION DE SURFACE QUAND ON LES CUIT.

Faire fondre 80 g de beurre dans une grande poêle antiadhésive.

Le laisser cuire jusqu'à ce qu'il devienne « noisette ».

CONSEIL MasterChef

POUR DEVENIR « NOISETTE », LE BEURRE DOIT CUIRE JUSQU'À CE QU'IL SOIT D'UN JOLI BRUN DORÉ, QU'IL SENTE BON LA NOISETTE ET QU'IL NE FASSE PLUS DE BRUIT.

Laver la ciboulette, puis la sécher dans du papier absorbant et la ciseler finement.

CONSEIL MasterChef

LA CIBOULETTE SE MARIE TRÈS BIEN AVEC LA NOISETTE SI ELLE EST CISELÉE TRÈS FINEMENT ; SINON, ELLE APPORTE TROP DE MÂCHE AU PLAT.

Faire sauter les noix de saint-jacques pendant 30 à 40 secondes sur chaque face dans 20 g de beurre.

Débarrasser les noix sautées sur du papier absorbant pour éliminer l'excédent de graisse en surface.

Mélanger le beurre noisette, la ciboulette ciselée et les noisettes concassées.

Dresser les noix de saint-jacques sur des assiettes chaudes, puis les napper de beurre à la ciboulette et aux noisettes.

Assaisonner de fleur de sel et de poivre du moulin avant de déguster.

COQUILLES SAINT-JACQUES AUX NOISETTES

LES ATELIERS DE MasterChef

SOUFFLÉS
AU FROMAGE

45 min PRÉPARATION + 20 min CUISSON + 50 min ATTENTE = 1 h 55 TOUT COMPRIS

★★ NIVEAU

€ BUDGET

INGRÉDIENTS	POUR 8 PERSONNES
BEURRE	80 g + 40 g
FARINE	80 g + 75 g
LAIT	50 cl
SEL	
PIMENT DE CAYENNE	
NOIX DE MUSCADE	
JAUNES D'ŒUF	8
FROMAGE RÂPÉ	300 g
BLANCS D'ŒUF	10

● **BOISSON** condrieu blanc // chablis

CHANGEMENT D'ASSOCIATIONS

PLUS TYPÉ

▶ Personnaliser les soufflés en utilisant un fromage bien typé : abondance, comté, salers…

JAMBON-FROMAGE

▶ Ajouter au fromage des dés de jambon ou de viande froide.

FERMES MAIS PAS TROP SERRÉS
Il ne faut pas trop serrer les blancs, car ainsi ils ne grainent pas quand on les incorpore à la pâte, et donc ils gardent bien leur eau (qui fait le soufflé). Des blancs fermes mais pas trop serrés sont le gage d'un soufflé réussi !

PAS DE PIMENT DE CAYENNE ?
Utiliser du poivre blanc.

ÇA SOUFFLE… L'eau contenue dans les œufs se transforme en vapeur sous l'action de la chaleur et s'échappe par le haut en faisant souffler la pâte.

ON DÉMOULE ?
Même s'il est possible de démouler un soufflé, il est beaucoup plus sûr de le servir dans le plat de cuisson.

DÉCORER LE SOUFFLÉ Pour réaliser une jolie décoration sur un soufflé, il suffit de déposer de fines tranches de fromage taillées en losange à la surface du soufflé juste avant de l'enfourner ; elles vont fondre et gratiner !

AVEC CETTE RECETTE

JE MAÎTRISE MAINTENANT

☐ LA SAUCE BÉCHAMEL
☐ L'APPAREIL À SOUFFLÉ

JE ME NOTE

…… /20

CRÉMERIE

ÉPICERIE

1

LE ROUX BLANC

5 MINUTES

+ CUISSON 5 MIN **+ ATTENTE 15 MIN**

Faire fondre 80 g de beurre dans une casserole portée sur feu doux.

Ajouter 80 g de farine et mélanger, puis laisser cuire quelques instants avant de mélanger à nouveau.

Poursuivre la cuisson jusqu'à la formation d'une mousse blanchâtre en surface. Retirer alors du feu et laisser refroidir.

2

CHEMISER LES MOULES

10 MINUTES

+ ATTENTE 10 MIN

Ramollir 40 g de beurre jusqu'à ce qu'il prenne la consistance d'une pommade.

CONSEIL MasterChef

LE BEURRE EN POMMADE EST UN BEURRE TRÈS MOU, MAIS PAS FONDU.
ICI, IL EST UTILISÉ POUR DÉPOSER UN FILM GRAS ASSEZ ÉPAIS SUR LA PAROI DES MOULES, CE QUI GARANTIT QUE LES SOUFFLÉS N'ATTACHERONT PAS.

Beurrer grassement huit ramequins à l'aide d'un pinceau et les réserver au frigo 10 minutes, le temps que le beurre fige.

Fariner l'intérieur des ramequins, puis éliminer l'excédent de farine en retournant et en tapotant chacun d'eux.

Déposer une petite collerette de beurre sur le bord des ramequins et les réserver au frais.

3

LA SAUCE MORNAY

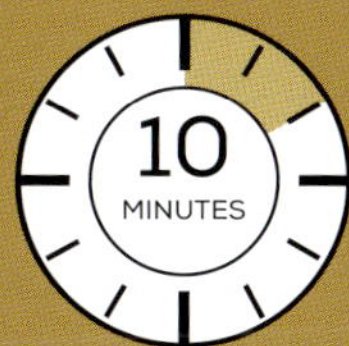

+ CUISSON 5 MIN

+ ATTENTE 15 MIN

Assaisonner le lait de sel, de piment et de noix de muscade, puis le porter à ébullition.

Incorporer petit à petit le lait au roux blanc, en mélangeant avec un fouet jusqu'à obtenir une sauce lisse.

Cuire la béchamel sur feux doux en remuant constamment, et maintenir l'ébullition pendant au minimum 30 secondes.

CONSEIL MasterChef

L'ÉBULLITION PERMET D'AVOIR UNE LIAISON COMPLÈTE PAR « EXPLOSION » DES GRAINS D'AMIDON, LESQUELS FORMENT UN EMPOIS QUI VA FAIRE ÉPAISSIR LE LAIT.

Hors du feu, incorporer les jaunes d'œuf, puis le fromage râpé.

Rectifier l'assaisonnement. Débarrasser la sauce Mornay dans un saladier, la filmer au contact et laisser refroidir.

PRÉCHAUFFER LE FOUR À 210 °C (TH. 7).

AVEC MON FOUR : TH. ____________

4

LES BLANCS EN NEIGE

10 MINUTES

Mettre les blancs dans la cuve du batteur et les saler légèrement.

Les fouetter doucement pour les casser, puis fouetter plus rapidement pour les monter en neige, sans trop les serrer.

5

LES SOUFFLÉS

10 MINUTES

+ CUISSON 10 MIN + ATTENTE 10 MIN

Préparer un bain-marie pour cuire les soufflés au four.

Incorporer le tiers des blancs à la sauce Mornay sans trop de précaution, pour obtenir un mélange un peu plus léger.

Incorporer très délicatement le reste des blancs en neige, en coupant l'appareil à l'aide d'une spatule.

Remplir les moules aux trois quarts (sans salir les bords), les poser dans l'eau frémissante du bain-marie et laisser 10 minutes.

Enfourner les soufflés et laisser cuire 5 minutes, puis baisser la température à 160 °C (th. 5-6) et faire cuire encore 5 minutes.

LES ATELIERS MasterChef

SOUFFLÉS AU FROMAGE

LES ATELIERS DE MasterChef

FOIE GRAS
EN TERRINE

PRÉPARATION 25 min + CUISSON 40 min + ATTENTE 5 h 30 = TOUT COMPRIS 6 h 35

NIVEAU ★★

BUDGET €€

INGRÉDIENTS	POUR 8 PERSONNES
FOIE GRAS DE CANARD	1 (d'environ 500 g)
SEL	7 g
POIVRE	1 g
NOIX DE MUSCADE	quelques râpures
FÈVE TONKA	quelques râpures
JURANÇON	2 cl

● **BOISSON** thé matcha // vin blanc moelleux ou champagne

CHANGEMENT D'ASSOCIATIONS

EXOTIQUE

▶ Servir le foie gras avec une gelée au wasabi (voir p. 220), la saveur piquante lui va très bien.

AVEC DES LÉGUMES

▶ Alterner dans la terrine couches de foie gras cru et couches de cœurs d'artichaut cuits, puis poursuivre la recette.

12 H AVANT

IL EST POSSIBLE DE DÉVEINER ET D'ASSAISONNER LE FOIE, puis de le laisser mariner dans un plat filmé.

PAS DE JURANÇON ?

Le remplacer par le vin blanc moelleux de son choix.

PESER L'ASSAISONNEMENT !

Pour bien assaisonner le foie gras, il faut peser le sel et le poivre : on compte 14 g de sel et 2 à 3 g de poivre pour 1 kilo de foie.

OIE OU CANARD ?

Le foie d'oie est plus fin de goût, mais plus rare et difficile à trouver.

ENCORE MEILLEUR

Laisser le foie 4 à 5 jours au froid, bien filmé, pour que tous les parfums se fondent entre eux et qu'il soit encore plus riche en goût.

AVEC LA GRAISSE EN TROP

Utiliser le surplus de graisse pour faire sauter des pommes de terre… c'est excellent !

AVEC CETTE RECETTE

JE MAÎTRISE MAINTENANT

- ☐ LE DÉVEINAGE DU FOIE GRAS
- ☐ L'INDICATEUR DE CUISSON DU FOIE GRAS

JE ME NOTE

….. /20

BOUCHERIE

ÉPICERIE

1

DÉVEINER LE FOIE

10 MINUTES

+ ATTENTE 1 H

Sortir le foie et le faire tremper dans de l'eau à température ambiante pendant au moins 1 heure.

Vérifier que le foie est bien souple sous le doigt, puis séparer les lobes.

CONSEIL MasterChef

IL EST POSSIBLE D'ENLEVER LA FINE PELLICULE QUI RECOUVRE LE FOIE SI ELLE EST UN PEU ÉPAISSE, POUR S'ASSURER QUE LE FOIE GRAS SERA PARFAITEMENT ONCTUEUX.

Ouvrir chaque lobe pour mettre à nu le réseau veineux, puis suivre les veines avec la pointe d'un couteau et les ôter toutes.

CONSEIL MasterChef

RÉCUPÉRER LES PARCELLES DE FOIE QUI SONT RESTÉES ATTACHÉES AUX VEINES ET LES REMETTRE DANS LES LOBES.

2

ASSAISONNER LE FOIE

5 MINUTES

+ ATTENTE AU MOINS 1 H

Mélanger le sel, le poivre et un peu de noix de muscade et de fève tonka râpées.

Poser les lobes sur le plan de travail, côté extérieur en dessous, et répartir la moitié des épices sur la partie intérieure.

Retourner le foie gras, le badigeonner de vin avec un pinceau et le parsemer du reste des épices.

Mouler en terrine, en commençant par poser le petit lobe au fond, côté ouvert vers le haut.

Ajouter le gros lobe, côté ouvert vers le bas. Ainsi, les parties externes du foie sont en haut et en bas.

Presser régulièrement le foie sur toute la surface pour bien le tasser dans la terrine.

Couvrir la terrine de film alimentaire et réserver à température ambiante pendant au moins 1 heure.

CONSEIL MasterChef

SI LE FOIE DOIT ATTENDRE PLUS LONGTEMPS (AU PLUS 24 HEURES), LE RÉSERVER AU RÉFRIGÉRATEUR. NE PAS OUBLIER DE LE SORTIR 40 MINUTES AVANT DE LE METTRE À CUIRE.

3

MISE EN CUISSON

5 MINUTES

+ CUISSON 40 MIN

PRÉCHAUFFER LE FOUR À 125 °C (TH. 4).

AVEC MON FOUR : TH. ____________

Enlever le film et glisser la terrine dans le four, à mi-hauteur.

Surveiller la cuisson, qui doit durer environ 40 minutes : lorsque le gras fondu fait 1 cm de large, le foie est cuit.

4

FINITION

5 MINUTES

+ ATTENTE 3 H 30

Sortir le foie cuit et le laisser reposer 1 heure à température ambiante.

Récupérer l'excès de graisse dans une petite casserole, et réserver.

Couper un morceau de carton à la taille de la partie supérieure de la terrine, et l'entourer de film alimentaire.

Poser le carton filmé sur le foie et ajouter un poids dessus pour tasser la terrine. Stocker au frigo pendant au moins 2 h 30.

Faire fondre la graisse réservée à feu doux. La verser dans la terrine de façon à couvrir le foie, pour le protéger de l'oxydation.

Filmer et conserver au réfrigérateur.

CONSEIL MasterChef

DÉGUSTER AVEC DES TRANCHES DE PAIN DE CAMPAGNE TOASTÉES PLUTÔT QU'AVEC DU PAIN DE MIE, TROP MOU…

FOIE GRAS EN TERRINE

LES ATELIERS DE MasterChef

SAUMON FUMÉ

30 min PRÉPARATION + 4 jours ATTENTE = 4 jours TOUT COMPRIS

★★ NIVEAU

€ BUDGET

INGRÉDIENTS	POUR 8 PERSONNES
FILET DE SAUMON (AVEC LA PEAU)	1
BAIES DE GENIÈVRE	6 c. à s.
GROS SEL	600 g
SUCRE SEMOULE	125 g
SCIURE DE HÊTRE	1 l
HUILE DE TOURNESOL	10 cl

● **BOISSON** pouilly fumé // gewurztraminer

ÉLEVAGE !
Pour le fumage, choisir du saumon d'élevage bio ou doté d'un label plutôt que du sauvage. Le saumon d'élevage est un peu plus gras, il fixera mieux les arômes de fumée.

FUMOIR
On trouve facilement des fumoirs à poisson dans certains magasins spécialisés (fournitures pour barbecue, articles de pêche...) ou sur Internet, et ce pour un coût très raisonnable (à partir de 40 €).

AVEC LES RESTES
Utiliser les restes de saumon fumé pour enrichir un plat de pâtes ou une quiche, ou pour confectionner des rillettes de saumon (voir p. 220) frais et fumé.

COMMENT LE COUPER ?
Trancher le filet en biais, de la tête vers la queue, et huiler la lame avant de commencer à couper pour l'empêcher de « coller » au saumon.

PETITE SAUCE
Mélanger 20 cl de crème liquide avec le jus d'un demi-citron, de la ciboulette et de l'aneth hachés, du sel et du piment d'Espelette.

CHANGEMENT D'ASSOCIATIONS

PLUS CROUSTILLANT
▶ Servir le saumon fumé avec du pain de campagne toasté plutôt que du pain de mie.

AUTRES POISSONS FUMÉS
▶ Tous les poissons peuvent être fumés à froid, en adaptant le temps de salaison et de fumage à l'épaisseur des filets.

AVEC CETTE RECETTE

JE MAÎTRISE MAINTENANT

☐ LE SALAGE DU FILET DE SAUMON
☐ LE FUMAGE DU SAUMON

JE ME NOTE

...../20

POISSONNERIE

ÉPICERIE

1

PRÉPARER LE FILET DE SAUMON

10 MINUTES

Rincer soigneusement le filet de saumon, puis le sécher délicatement avec du papier absorbant.

Enlever les arêtes à l'aide d'une petite pince.

2

SALER LE FILET

5 MINUTES

+ ATTENTE 12 H

Mixer les baies de genièvre jusqu'à les réduire en poudre.

Mélanger le gros sel, le sucre et la poudre de genièvre.

CONSEIL MasterChef

LE SUCRE PERMET « D'OUVRIR » LES PORES DU POISSON ; AINSI, LE SEL PÉNÈTRE PLUS FACILEMENT.

Étaler la moitié du sel épicé dans un grand plat peu profond, en une couche uniforme.

CONSEIL MasterChef

LE SEL VA ASSÉCHER LA CHAIR DU POISSON, ET L'ASSAISONNER EN MÊME TEMPS.

Déposer le filet de saumon côté peau sur le lit de sel et le recouvrir uniformément du reste de sel.

Filmer et réserver au réfrigérateur pendant environ 12 heures.

3

RINCER LE FILET

5 MINUTES

+ ATTENTE 12 H

Éliminer délicatement le plus possible de sel du bout des doigts.

Rincer soigneusement le filet sous un filet d'eau froide.

Sécher le filet de saumon avec quelques feuilles de papier absorbant.

Réserver une nuit au frais pour assécher parfaitement le poisson.

4

FUMER LE FILET DE SAUMON

5 MINUTES

+ ATTENTE DE 4 À 6 H

Disposer le filet de saumon sur la grille du fumoir (ou l'accrocher s'il s'agit d'un fumoir vertical).

Commencer par faire flamber une petite partie de la sciure dans le tiroir à sciure.

Étouffer le feu en le couvrant d'une couche de sciure pour assurer la production de fumée.

Mettre la grille avec le saumon dans l'appareil, fermer et laisser pendant 4 à 6 heures, selon l'épaisseur du filet.

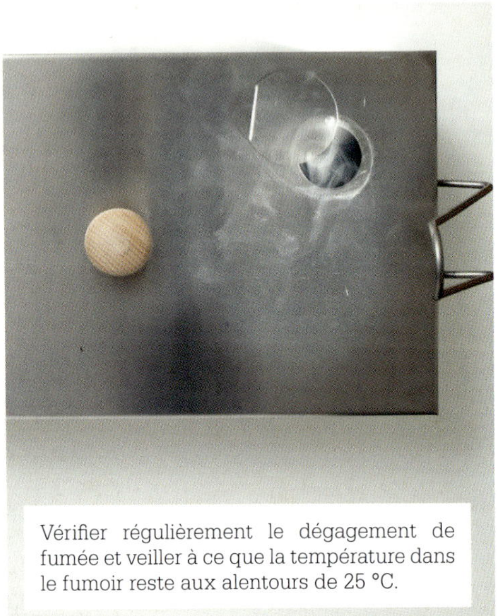

Vérifier régulièrement le dégagement de fumée et veiller à ce que la température dans le fumoir reste aux alentours de 25 °C.

CONSEIL MasterChef

LE FUMAGE « À FROID » PERMET DE CONSERVER LA TEXTURE DU POISSON.

5

MATURATION

5 MINUTES

+ ATTENTE 2 À 3 JOURS

Huiler au pinceau toute la surface du poisson.

Emballer le filet de saumon dans du film alimentaire, le plus hermétiquement possible.

Stocker au réfrigérateur pendant 2 à 3 jours avant de consommer, afin que la saveur fumée se mêle bien à celle de la chair.

SAUMON FUMÉ

LES ATELIERS DE MasterChef

TERRINE DE LAPIN
AUX FOIES DE VOLAILLE

1 h 20 PRÉPARATION + 2 h CUISSON + 24 h (au moins) ATTENTE = 48 h + 3 h 20 TOUT COMPRIS

NIVEAU ★★

BUDGET €€

INGRÉDIENTS	POUR 1 TERRINE D'ENVIRON 1,5 KG
UN LAPIN (OU 6 CUISSES OU 4 RÂBLES)	environ 1,6 kg
FOIES DE VOLAILLE	200 g
ÉCHINE DE PORC	500 g
LAIT	25 cl + 20 cl
SEL	30 g
POIVRE	3 g
NOIX DE MUSCADE	1 pincée
COGNAC	15 cl
CRÉPINE DE PORC	1
LAURIER	1 feuille
THYM	quelques brins
BARDE DE PORC	1
CHARTREUSE VERTE	3 cl
GELÉE	50 cl

● **BOISSON** beaujolais village // châteauneuf-du-pape

CHANGEMENT D'ASSOCIATIONS

PLUS DE RELIEF

▶ Ajouter des noisettes et du poivre vert pour donner plus de caractère à la terrine.

PLUS DE MÂCHE

▶ Ajouter des dés de foie gras cru et de jambon blanc pour apporter de la mâche à la terrine.

24 H AVANT

PRÉPARER LES CHAIRS ET FAIRE MARINER LES VIANDES.

PAS DE CHARTREUSE ?

La remplacer par un soupçon de whisky.

AVEC CETTE RECETTE

JE SAIS MAINTENANT

- ☐ MARINER UNE VIANDE
- ☐ RÉALISER DES LÈCHES
- ☐ FAIRE UNE FARCE À PÂTÉ

JE ME NOTE

...../20

RETOUR DE CHASSE

Cette base de terrine est transposable avec n'importe quelle viande maigre à la place du lapin. Perdrix, lièvre et chevreuil sont délicieux en terrine.

SANS PORC ?

Le porc est indispensable dans cette terrine, car il apporte le côté gras essentiel à sa texture.

BOUCHERIE

CRÉMERIE / ÉPICERIE

1

LA VEILLE
PRÉPARER LES CHAIRS

45 MINUTES

Désosser le lapin et réserver les rognons. Dénerver les foies et enlever toute trace de fiel.

CONSEIL MasterChef

IL VAUT MIEUX RETIRER UN PEU DE FOIE PROPRE QUE DE LAISSER DES TRACES DE FIEL, QUI DONNERAIENT DE L'AMERTUME À LA TERRINE.

Dénerver grossièrement les morceaux de lapin si nécessaire.

CONSEIL MasterChef

IL FAUT RETIRER LES NERFS : CES « FILS » BLANCHÂTRES ET RIGIDES, ÉLASTIQUES LORSQU'ILS SONT CUITS, SERAIENT TRÈS DIFFICILES À COUPER DANS LA TERRINE ET DÉSAGRÉABLES EN BOUCHE.

2

MARINER LES VIANDES

5 MINUTES

+ ATTENTE 12 H

Immerger les foies et les rognons dans 25 cl de lait. Réserver le tout au frais.

CONSEIL MasterChef

LE LAIT VA RINCER LES FOIES ET LES ROGNONS, ET ÉLIMINER TOUTE TRACE DE SANG.

Mettre 500 g de chair de lapin et 500 g d'échine de porc coupée en morceaux dans un saladier.

Assaisonner de sel, de poivre et de noix de muscade, arroser de cognac et laisser mariner 12 heures au frais.

CONSEIL MasterChef

FAIRE MARINER LES VIANDES PENDANT 12 HEURES EST UN MINIMUM ; L'IDÉAL EST DE LES LAISSER 24 HEURES.

3

LE LENDEMAIN

PRÉPARER LA TERRINE

5 MINUTES

Laver la crépine de porc sous un filet d'eau courante.

Disposer la feuille de laurier et les brins de thym au fond de la terrine.

Étaler la barde dans le moule. Elle va protéger la terrine d'une chaleur excessive tout en la nourrissant lors de la cuisson.

4

PRÉPARER LA FARCE

15 MINUTES

PRÉCHAUFFER LE FOUR À 220 °C (TH. 7-8).

AVEC MON FOUR : TH. ____________

Égoutter les viandes en réservant la marinade, puis tailler quelques lèches dans un gros morceau de lapin.

CONSEIL MasterChef

LES LÈCHES SONT DE LONGS BÂTONNETS DE VIANDE ÉPAIS D'ENVIRON 1 CM.

Passer le reste des morceaux de lapin au hachoir à viande ou les hacher au robot. Faire de même avec les morceaux d'échine.

Alterner couches de lapin haché et couches d'échine de porc dans un saladier.

Mélanger, puis ajouter progressivement la chartreuse, la marinade et du lait, jusqu'à obtention d'un mélange souple et homogène.

5

10 MINUTES

+ CUISSON 2 H

+ ATTENTE 12 H

Remplir la terrine de farce en répartissant les lèches de lapin à intervalles réguliers, puis recouvrir de crépine bien tendue.

Enfourner pour 30 minutes. Baisser alors la température à 120 °C (th. 4) et poursuivre la cuisson au bain-marie pendant 1 h 30.

Vérifier l'appoint de cuisson et vider le jus pour le remplacer par de la gelée.

Laisser refroidir, puis réserver au réfrigérateur de quelques heures à 2 jours avant de déguster.

LES ATELIERS MasterChef

TERRINE DE LAPIN AUX FOIES DE VOLAILLE

LES ATELIERS DE MasterChef

ALLUMETTES
AU FROMAGE

1 h PRÉPARATION + 40 min CUISSON + 1 h 45 ATTENTE = 3 h 25 TOUT COMPRIS

★★★ NIVEAU

€ BUDGET

INGRÉDIENTS	POUR 8 PERSONNES
SEL	
EAU FROIDE	200 g + 1 c. à s.
BEURRE	30 g + 270 g + 40 g
FARINE	400 g + 50 g (pour fleurer) + 40 g
LAIT	33 cl
POIVRE BLANC OU PIMENT	
NOIX DE MUSCADE	
JAUNES D'ŒUF	3
FROMAGE RÂPÉ	100 g
BLANC D'ŒUF	1

BOISSON côtes-du-jura blanc // cahors rouge

CHANGEMENT D'ASSOCIATIONS

ALLUMETTES FLORENTINES
▶ Additionner la sauce Mornay d'épinards sautés et hachés.

ALLUMETTES AUX FRUITS DE MER
▶ Ajouter des crevettes et des moules, cuites et grossièrement hachées.

2 H AVANT

PRÉPARER LA PÂTE À L'AVANCE permet de lui assurer un long repos qui laisse au gluten le temps de se « replacer », ce qui limite les risques de déformation de la pâte à la cuisson.

PAS DE FROMAGE RÂPÉ ?

Mettre n'importe quel autre fromage de son choix, coupé en tout petits morceaux pour qu'il fonde rapidement.

AVEC CETTE RECETTE

JE MAÎTRISE MAINTENANT

- ☐ LA PÂTE FEUILLETÉE
- ☐ LA SAUCE MORNAY
- ☐ LE MONTAGE D'UNE ALLUMETTE

JE ME NOTE ...../20

POURQUOI LE ROUX FROID ET LE LAIT CHAUD ? Le volume de « chaud » étant plus important que le volume de « froid », la sauce sera réalisée plus rapidement.

BEURRE DE TOURAGE... Ce beurre « spécial feuilletage » est très sec et fond moins facilement. À défaut, prendre un beurre d'excellente qualité (AOC si possible).

QUAND METTRE LE FROMAGE

Le fromage doit être incorporé à la fin, car son acidité fait relâcher la sauce.

CRÉMERIE

ÉPICERIE

1

LA DÉTREMPE

5 MINUTES

+ ATTENTE 10 MIN

Dissoudre 8 g de sel dans 200 g d'eau. Incorporer 30 g de beurre fondu tiède et l'eau salée à 400 g de farine.

La détrempe obtenue doit être homogène mais pas trop travaillée (elle deviendrait élastique). Filmer et réserver au frais.

2

LA PÂTE FEUILLETÉE

20 MINUTES

+ ATTENTE 55 MIN

Mettre 270 g de beurre entre deux feuilles de papier cuisson et le ramollir au rouleau tout en formant un carré de 15 cm de côté.

Fariner le plan de travail et abaisser la détrempe en un disque d'environ 1,5 cm d'épaisseur.

Placer le beurre au centre de la détrempe, replier les bords comme une enveloppe et « sceller la pâte » en appuyant avec le rouleau.

Abaisser la pâte en un rectangle de 1,5 cm d'épaisseur. Ôter l'excédent de farine et replier la bande en trois, en portefeuille.

Tourner le pâton de 90° sur la droite et souder les trois couches en passant le rouleau dessus sans trop appuyer (premier tour).

Répéter l'opération, puis marquer le pâton de deux empreintes de doigt (pour indiquer deux tours). Réserver 20 minutes au frais.

CONSEIL MasterChef

MARQUER LA PÂTE PERMET DE NE PAS SE TROMPER QUANT AU NOMBRE DE TOURS DÉJÀ EFFECTUÉS.

Poser la pâte sur le plan de travail fariné et faire deux tours de plus. Marquer de quatre empreintes et mettre 20 minutes au frais.

Effectuer les deux derniers tours et laisser 15 minutes au frais.

3

LA SAUCE MORNAY

15 MINUTES

+ CUISSON 10 MIN | + ATTENTE 30 MIN

Faire fondre 40 g de beurre. Incorporer 40 g de farine et faire cuire : le roux doit devenir blanc et mousseux. Laisser refroidir.

Porter le lait à ébullition. En verser la moitié sur le roux froid, mélanger au fouet et incorporer peu à peu le reste de lait.

Assaisonner la sauce, la porter à ébullition et la laisser cuire à feu doux 5 minutes en remuant sans cesse.

Retirer du feu et incorporer 2 jaunes d'œuf, puis le fromage râpé. Rectifier l'assaisonnement. Filmer à même la surface et réserver.

4

LES ALLUMETTES AU FROMAGE

20 MINUTES

+ CUISSON 30 MIN + ATTENTE 10 MIN

Abaisser la pâte feuilletée en une longue bande d'environ 20 cm de large et 3 mm d'épaisseur.

Transférer la sauce dans une poche à douille et la coucher en petits boudins espacés les uns des autres sur une moitié de la bande.

Badigeonner de blanc d'œuf au pinceau l'autre moitié de la bande, puis la rabattre sur les boudins de sauce Mornay.

Pincer la pâte du bout des doigts tout au long des boudins de sauce, sceller avec le dos d'un couteau et détailler en allumettes.

Percer les allumettes de quelques trous. Les poser sur une plaque tapissée de papier cuisson et réserver 10 minutes au frais.

Badigeonner les allumettes de jaune d'œuf additionné d'un peu d'eau salée, puis rayer la surface avec les dents d'une fourchette.

PRÉCHAUFFER LE FOUR À 240 °C (TH. 8).

AVEC MON FOUR : TH. ____

Enfourner, baisser aussitôt la température à 180 °C (th. 6) et laisser cuire 30 minutes. Laisser reposer au chaud sur une grille

LES ATELIERS MasterChef

ALLUMETTES AU FROMAGE

LES ATELIERS DE MasterChef

VOL-AU-VENT

1 h 5 PRÉPARATION + 1 h 40 CUISSON + 45 min ATTENTE = 3 h 30 TOUT COMPRIS — NIVEAU ★★★ — BUDGET €€

INGRÉDIENTS	POUR 8 PERSONNES
CAROTTE	50 g
OIGNON	100 g
BLANC DE POIREAU	100 g
EAU	1 l + 10 cl + 5 cl
SEL	
BOUQUET GARNI	1
SUPRÊMES DE VOLAILLE	4
BEURRE	35 g + 20 g + 20 g
FARINE	35 g + 50 g
CITRON	1
CHAMPIGNONS DE PARIS	250 g
PÂTE FEUILLETÉE (VOIR PAGE 56)	1
JAUNE D'ŒUF	1
QUENELLES DE VOLAILLE	200 g
CRÈME	10 cl

● **BOISSON** meursault // pouilly fumé

CHANGEMENT D'ASSOCIATIONS

TOUCHE EXOTIQUE

▶ Ajouter du curry et un peu de lait de coco donne un goût exotique au vol-au-vent.

AVEC DES RIS DE VEAU

▶ Remplacer la volaille par des ris de veau et ajouter des champignons des bois.

EXCEPTIONNEL

Ajouter des lamelles de truffe et un peu d'essence de truffe à la sauce pour en faire un plat d'exception.

QUENELLES MAISON

Confectionner ses propres quenelles est l'idéal ; à défaut, les acheter chez le boucher ou au rayon frais du supermarché.

PAS DE VOLAILLE ?

La remplacer par une viande cuite et tendre, comme du veau, ou par un poisson un peu ferme, comme de la sole, du turbot ou de la lotte.

MINI MINI…

Réaliser cette recette en miniature permet d'obtenir de délicieuses mises en bouche.

AVEC CETTE RECETTE

JE MAÎTRISE MAINTENANT

☐ LE MONTAGE DU VOL-AU-VENT

☐ LA SAUCE CRÈME

JE ME NOTE

...... /20

BOUCHERIE

PRIMEUR

ÉPICERIE / CRÉMERIE

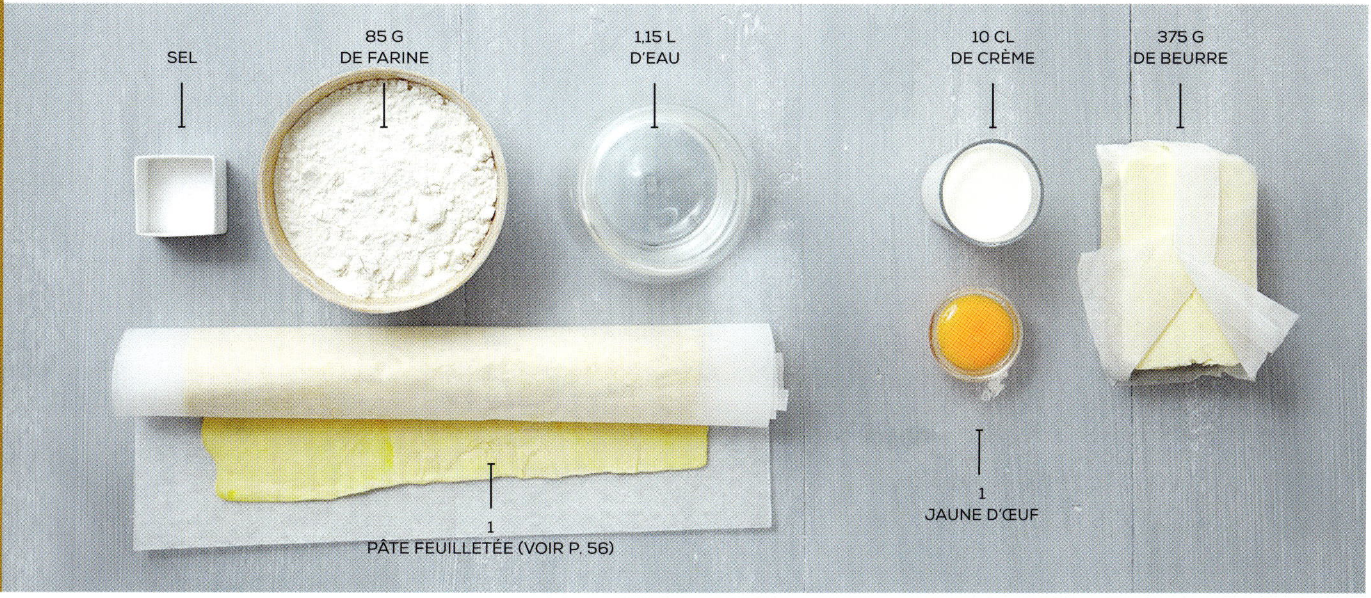

1

CUIRE LES SUPRÊMES DE VOLAILLE

10 MINUTES

+ CUISSON 30 MIN

Laver, éplucher et émincer les légumes. Les mettre dans 1 litre d'eau et porter rapidement à ébullition.

Saler, puis ajouter le bouquet garni et les suprêmes de volaille. Faire pocher à frémissement pendant 30 minutes.

2

LE ROUX BLANC

5 MINUTES

+ CUISSON 10 MIN + ATTENTE 15 MIN

Faire fondre 35 g de beurre dans une casserole sur feu doux. Ajouter 35 g de farine, mélanger et laisser cuire quelques instants.

Mélanger et poursuivre la cuisson jusqu'à la formation d'une mousse blanchâtre en surface. Retirer du feu et laisser refroidir.

3

LA CUISSON À BLANC DES CHAMPIGNONS

5 MINUTES

+ CUISSON 10 MIN

Dans une petite casserole, porter à ébullition 10 cl d'eau et le jus du citron avec 20 g de beurre détaillé en parcelles.

Nettoyer les champignons, les trancher et les jeter dans l'eau. Saler, couvrir et laisser cuire 10 minutes. Réserver sans égoutter.

4

LA CROÛTE

15 MINUTES

+ CUISSON 30 MIN **+** ATTENTE 30 MIN

PRÉCHAUFFER LE FOUR À 240 °C (TH. 8).

AVEC MON FOUR : TH. ____________

Abaisser la pâte feuilletée en deux disques de 18 cm de diamètre, le premier de 1,5 cm d'épaisseur et l'autre de 0,5 cm d'épaisseur.

Marquer le disque le plus fin d'un cercle de plus petite taille pour délimiter le bord du vol-au-vent.

Humidifier le disque épais, poser l'autre disque par-dessus et pincer délicatement tout le pourtour du bout des doigts.

Chiqueter le bord de la croûte. Badigeonner de dorure (1 jaune d'œuf mélangé à 5 cl d'eau) la surface du vol-au-vent, sans excès.

CONSEIL MasterChef

CHIQUETER CONSISTE À PRESSER LE BORD DE LA PÂTE AVEC LE DOS DE LA LAME D'UN COUTEAU AFIN DE BIEN SCELLER LES DEUX ABAISSES.

Rayer à la fourchette le petit disque du chapeau. Réserver au froid pendant 15 minutes, puis dorer de nouveau la surface.

Enfourner, baisser la température à 180 °C (th. 6) et faire cuire 30 minutes. Ensuite, laisser reposer 15 minutes sur une grille.

5

LA GARNITURE ET LA SAUCE CRÈME

20 MINUTES

+ CUISSON 20 MIN

Décanter les suprêmes de volaille. Filtrer le bouillon, en mesurer 50 cl et le réserver. Faire réduire le reste presque à sec.

Mettre de côté la peau des suprêmes et détailler la viande en cubes d'environ 1 cm de côté. Couper les quenelles de la même façon.

Mélanger les 50 cl de bouillon réservés avec le roux blanc, sur feu doux, pour réaliser le velouté.

Ajouter les peaux mises de côté, 20 g de beurre et un peu d'eau de cuisson des champignons. Laisser mijoter pendant 10 minutes.

Incorporer la crème et faire mijoter 5 minutes, puis filtrer. Ajouter le bouillon de volaille réduit et rectifier l'assaisonnement.

6

LA FINITION

10 MINUTES

Découper le chapeau et évider le centre de la croûte. Mélanger volaille, quenelles et champignons égouttés avec la sauce crème.

Garnir le vol-au-vent de cette préparation, puis replacer le chapeau de pâte feuilletée.

VOL-AU-VENT

LES ATELIERS DE MasterChef

RATATOUILLE

40 min PRÉPARATION + 45 min CUISSON = 1 h 25 TOUT COMPRIS

★ NIVEAU

€ BUDGET

INGRÉDIENTS	POUR 8 PERSONNES
COURGETTES	500 g
AUBERGINES	500 g
OIGNONS	250 g
POIVRONS VERTS	500 g
TOMATES	800 g
AIL	4 gousses
BOUQUET GARNI	1
HUILE D'OLIVE	20 cl
SEL	
PIMENT DE CAYENNE	

● **BOISSON** bandol // cassis

CHANGEMENT D'ASSOCIATIONS

COMME UNE PIPERADE

▶ Ajouter quelques œufs et finir la cuisson ; on obtient une préparation dans l'esprit d'une piperade, à déguster avec du pain grillé.

RATATOUILLE FROIDE

▶ Pour déguster la ratatouille froide, lui ajouter des câpres, des anchois, un trait de vinaigre balsamique et un peu de raisins secs.

GROS LÉGUMES

Choisir de préférence des légumes de taille moyenne plutôt que des gros, plus fibreux et riches en pépins...

QUELLES TOMATES

Choisir des tomates à chair ferme, comme la roma ou la torino, pour que la ratatouille ne soit pas trop humide.

MINI MIMI !

On peut réaliser la ratatouille avec des mini-légumes, juste coupés en deux pour garder l'effet visuel !

PAS DE BOUQUET GARNI ?

Le remplacer par un peu de thym ou d'herbes de Provence.

POUR L'HIVER

Cette recette se conserve très bien, stérilisée dans des bocaux en verre.

AVEC CETTE RECETTE

JE MAÎTRISE MAINTENANT

☐ LA TAILLE DES LÉGUMES

☐ LA CUISSON DES LÉGUMES

JE ME NOTE

...... /20

PRIMEUR

ÉPICERIE

1

PRÉPARER LES LÉGUMES

30 MINUTES

Laver les légumes.

Enlever le pédoncule des tomates, les monder et les épépiner.

CONSEIL MasterChef

POUR POUVOIR MONDER DES TOMATES, LES PLONGER 12 SECONDES DANS DE L'EAU BOUILLANTE ET LES TRANSFÉRER AUSSITÔT DANS UN BOL D'EAU GLACÉE. IL SERA ALORS FACILE DE LES PELER SANS LES ABÎMER.

Concasser les tomates en assez gros morceaux.

Passer les poivrons à la flamme pour noircir leur peau, puis les peler.

CONSEIL MasterChef

POUR PELER FACILEMENT UN POIVRON, LE PIQUER SUR UNE FOURCHETTE ET LE PASSER À LA FLAMME JUSQU'À CE QUE LA PEAU SOIT BIEN NOIRE. ELLE S'ENLÈVE ALORS FACILEMENT, ET LE POIVRON PREND UN GOÛT DE FUMÉE TRÈS AGRÉABLE.

Couper les courgettes en deux dans la longueur, les épépiner et les détailler en tranches de 1 cm d'épaisseur.

CONSEIL MasterChef

PLUS UNE COURGETTE EST GROSSE PLUS ELLE CONTIENT DE PÉPINS. L'IDÉAL EST DONC DE CHOISIR DES COURGETTES ASSEZ PETITES ET BIEN FERMES.

Enlever le pédoncule des aubergines et les couper en cubes de 1 cm de côté.

CONSEIL MasterChef

IL EST BIEN DE GARDER LA PEAU DE L'AUBERGINE POUR APPORTER DE LA COULEUR ET UN PEU DE MÂCHE.

Peler les oignons et les ciseler.

Peler les gousses d'ail, les écraser et les dégermer.

CONSEIL MasterChef

LE GERME DE L'AIL EST QUELQUE PEU INDIGESTE, IL EST DONC PRÉFÉRABLE DE L'ÔTER.

Ficeler le thym et le laurier dans du vert de poireau pour confectionner un beau bouquet garni.

CONSEIL MasterChef

ON PEUT AUSSI GLISSER LE THYM ET LE LAURIER DANS UN FILTRE À THÉ, ET FICELER L'OUVERTURE...

2

CUIRE LA RATATOUILLE

10 MINUTES

+ CUISSON 45 MIN

Faire sauter les poivrons par petites quantités dans un peu d'huile d'olive ; ils doivent être presque cuits.

CONSEIL MasterChef

CUIRE LES LÉGUMES SÉPARÉMENT PERMET D'ADAPTER LE TEMPS DE CUISSON À CHACUN, DE SORTE QU'AUCUN D'EUX NE SOIT TROP OU PAS ASSEZ CUIT.

LES CUIRE PAR PETITES QUANTITÉS À LA FOIS PERMET DE GARDER LE CORPS GRAS BIEN CHAUD.

Faire sauter les aubergines et les courgettes de la même façon que les poivrons.

Faire suer les oignons dans une poêle avec de l'huile d'olive.

CONSEIL MasterChef

ATTENTION À NE PAS TROP COLORER LES OIGNONS, CAR ILS DEVIENNENT AMERS QUAND ILS NOIRCISSENT.

Ceux qui apprécient l'ail hacheront finement les gousses ; les autres les laisseront entières.

Réunir dans la cocotte l'ensemble des légumes sautés, les tomates concassées, les oignons, l'ail et le bouquet garni.

CONSEIL MasterChef

UNE COCOTTE EN FONTE GARDE BIEN LA CHALEUR ET PERMET UNE CUISSON PARFAITEMENT HOMOGÈNE.

Assaisonner et laisser mijoter pendant 15 minutes à feu doux.

Mélanger délicatement les légumes et rectifier l'assaisonnement avant de servir.

RATATOUIILLE

LES ATELIERS DE MasterChef

BLANQUETTE DE VEAU

35 min PRÉPARATION + 1 h 55 CUISSON = 2 h 30 TOUT COMPRIS

★ NIVEAU

€€ BUDGET

INGRÉDIENTS	POUR 8 PERSONNES
ÉPAULE DE VEAU DÉSOSSÉE	1,2 kg
CAROTTES	200 g
CÉLERI-BRANCHE	50 g
POIREAUX	200 g
OIGNONS	200 g
CLOUS DE GIROFLE	3
AIL	4 gousses
THYM	1 brindille
LAURIER	2 feuilles
GROS SEL	
BEURRE	75 g
FARINE	75 g
JAUNES D'ŒUF	2
CRÈME FRAÎCHE	100 g
SEL FIN	
½ CITRON	1

● **BOISSON** pessac-léognan blanc // brouilly ou chinon rouge

ENCORE PLUS DE GOÛT
La garniture traditionnelle de la blanquette à l'ancienne est composée de petits oignons et de champignons.

ATTENTION ! Veiller à ne pas laisser colorer le roux pour garder la sauce bien blanche.

LIQUIDE DE CUISSON EN RAB... Utiliser le reste de liquide de cuisson pour cuire le riz.

PAS D'ÉPAULE DE VEAU ?
Utiliser du tendron ou du collet de veau à la place, en allongeant si nécessaire le temps de cuisson.

CHANGEMENT D'ASSOCIATIONS

NOTE EXOTIQUE
▶ Ajouter du curry dans la sauce pour apporter une touche exotique.

AUTRE VIANDE BLANCHE
▶ Remplacer le veau par de la volaille.

AVEC CETTE RECETTE

JE SAIS MAINTENANT

- ☐ BLANCHIR UNE VIANDE
- ☐ POCHER UNE VIANDE AVEC DÉPART À FROID
- ☐ LIER UNE SAUCE AVEC UN MÉLANGE DE JAUNE D'ŒUF ET DE CRÈME

JE ME NOTE

...... /20

BOUCHERIE / CRÉMERIE

PRIMEUR

ÉPICERIE

1

BLANCHIR LA VIANDE

5 MINUTES

+ CUISSON 10 MIN

Détailler la viande en morceaux d'environ 50 g.

Placer les morceaux d'épaule dans un récipient de cuisson et les couvrir d'eau froide.

Porter à ébullition. Maintenir celle-ci 2 minutes et écumer les impuretés.

CONSEIL MasterChef

ÉCUMER CONSISTE À ENLEVER LES IMPURETÉS QUI SE FORMENT À LA SURFACE, CONSTITUANT UNE SORTE DE MOUSSE.

2

LA GARNITURE AROMATIQUE

10 MINUTES

Peler les carottes. Effiler le céleri et parer le poireau. Laver les légumes et les couper en gros morceaux.

Peler les oignons et les piquer des clous de girofle, près des racines. Écraser les gousses d'ail.

Confectionner un bouquet garni avec le thym et le laurier dans une feuille de vert de poireau et ficeler le tout.

3

POCHER LA VIANDE

5 MINUTES

+ CUISSON 1 H 30

Ajouter dans la cocotte les légumes, l'ail et le bouquet garni. Saler et, si nécessaire, compléter le mouillement.

Porter à ébullition sur feu vif, puis couvrir, baisser le feu et maintenir à frémissement pendant 1 h 20, en écumant régulièrement.

4

LE ROUX BLANC

5 MINUTES

+ CUISSON 5 MIN

Faire fondre le beurre sur feu doux sans le laisser colorer. Incorporer la farine en remuant constamment avec une spatule.

CONSEIL MasterChef

NE PAS LAISSER LE ROUX PRENDRE COULEUR PERMET DE CONFECTIONNER UNE SAUCE BIEN BLANCHE.

Laisser le roux cuire sur feu doux en remuant fréquemment, jusqu'à ce qu'il mousse et blanchisse. Retirer du feu et réserver.

5

DÉCANTER LA VIANDE

5 MINUTES

Débarrasser les morceaux de viande dans une jatte, puis ajouter une petite louche de bouillon. Filmer la jatte et réserver.

Filtrer le bouillon de cuisson à l'aide d'un chinois, sans écraser les légumes pour que le jus reste limpide.

CONSEIL MasterChef

NE PAS ÉCRASER (FOULER) LES LÉGUMES ÉVITE DE METTRE DE LA PULPE DANS LA SAUCE : CELA LA COLORERAIT ET RISQUERAIT DE LA FAIRE FERMENTER.

Conserver au chaud 1 litre de bouillon. En verser autant dans une casserole et le faire réduire jusqu'à ce qu'il soit sirupeux.

6

LA SAUCE DE LA BLANQUETTE

5 MINUTES

+ CUISSON 10 MIN

Verser le litre de bouillon chaud sur le roux blanc froid, puis porter à ébullition en mélangeant sans cesse au fouet.

Maintenir à frémissement 10 minutes, en remuant souvent pour que la sauce soit lisse et nappante. Incorporer le bouillon réduit.

Mélanger les jaunes d'œuf et la crème fraîche, puis les incorporer progressivement à la sauce bouillante en fouettant.

Rectifier l'assaisonnement de la sauce et lui ajouter le jus d'un demi-citron pour amener du peps.

Verser la sauce veloutée sur les morceaux de viande et faire réchauffer la blanquette, sans la laisser atteindre l'ébullition.

BLANQUETTE DE VEAU

LES ATELIERS DE MasterChef

QUICHE
AUX OIGNONS

55 min PRÉPARATION + 1 h 20 CUISSON + 20 min ATTENTE = 2 h 35 TOUT COMPRIS

★ NIVEAU

€ BUDGET

INGRÉDIENTS	POUR 8 PERSONNES
BEURRE	125 g + 100 g + 15 g + 20 g
FARINE	250 g + 25 g
EAU	63 g
SEL	
OIGNONS	1 kg
LARDONS FUMÉS	200 g
HUILE	2 cl
LAIT	15 cl
CRÈME FRAÎCHE	150 g
ŒUFS	2
JAUNE D'ŒUF	1
PIMENT DE CAYENNE	
NOIX DE MUSCADE	

● **BOISSON** graves blanc // côtes-de-beaune blanc

CHANGEMENT D'ASSOCIATIONS

PLUS DE SAVEUR

▶ Ajouter des tranches de magret fumé pour encore plus de saveur.

QUICHE AU FROMAGE

▶ Remplacer les oignons par du fromage râpé pour obtenir une quiche au fromage.

QUICHE AUX LÉGUMES

Si l'on souhaite ajouter des légumes, il faut les faire cuire et les laisser refroidir avant de les mettre dans la quiche.

PAS DE POITRINE FUMÉE ?

La remplacer par du jambon cru coupé en petits morceaux.

PAS D'ŒUF DANS LA PÂTE

La pâte brisée d'office ne contient pas d'œuf, mais on peut ajouter un jaune d'œuf à la place d'une partie de l'eau.

QUICHE À LA VIANDE

Toujours cuire la viande et la faire refroidir avant de la mettre dans la quiche.

AVEC CETTE RECETTE

JE MAÎTRISE MAINTENANT

☐ LA PÂTE BRISÉE SALÉE

☐ L'APPAREIL À CRÈME PRISE

JE ME NOTE

..... /20

BOUCHERIE / PRIMEUR

CRÉMERIE

ÉPICERIE

1

LA PÂTE BRISÉE

10 MINUTES

+ ATTENTE 10 MIN

Couper 125 g de beurre bien froid en cubes d'environ 1 cm de côté.

Mélanger 250 g de farine et les cubes de beurre du bout des doigts jusqu'à obtenir une sorte de sable grossier.

Dissoudre 5 g de sel dans l'eau froide. Pétrir le mélange sableux avec l'eau salée jusqu'à obtention d'une pâte souple.

Si nécessaire, fraiser la pâte sur le plan de travail pour la rendre homogène. La rouler en boule, la filmer et la laisser reposer au frais.

CONSEIL MasterChef

FRAISER CONSISTE À ÉCRASER LA PÂTE, FRACTIONNÉE EN PETITES PARTIES, AVEC LA PAUME DE LA MAIN POUR HOMOGÉNÉISER SA TEXTURE.

2

PRÉPARER LES OIGNONS

10 MINUTES

+ CUISSON 30 MIN

Éplucher les oignons, les émincer finement et les détailler en anneaux. En mettre quelques-uns de côté.

Faire compoter les oignons 30 minutes dans 100 g de beurre sur feu doux. Remuer souvent pour qu'ils blondissent uniformément.

3

FAIRE SAUTER LES LARDONS

5 MINUTES

+ CUISSON 10 MIN

Mettre les lardons dans une casserole d'eau froide, porter à ébullition et les laisser bouillir 2 minutes, puis les égoutter.

CONSEIL MasterChef

BLANCHIR LES LARDONS AVEC UN DÉPART À L'EAU FROIDE PERMET D'ÉLIMINER LES IMPURETÉS, L'EXCÈS DE SEL ET LE GOÛT TROP FORT D'UN FUMAGE EXCESSIF.

Faire sauter les lardons à feu vif dans un mélange bien chaud d'huile (2 cl) et de beurre (15 g).

4

FONCER ET CUIRE LA PÂTE

15 MINUTES

+ CUISSON 15 MIN
+ ATTENTE 10 MIN

PRÉCHAUFFER LE FOUR À 180 °C (TH. 6).

AVEC MON FOUR : TH. ____

Fariner le plan de travail et beurrer un cercle à pâtisserie. Abaisser la pâte à 3 mm d'épaisseur, puis y découper un grand disque.

Poser le cercle sur une plaque. Le garnir du disque de pâte, façonner un bourrelet sur le bord et le pincer entre les doigts.

Piquer le fond de pâte à l'aide d'une fourchette et le réserver au frais pendant quelques minutes.

Découper un disque de papier cuisson d'un diamètre largement supérieur au fond de tarte.

Tailler de larges franges dans la bordure du disque de papier, puis le poser sur le fond de tarte, franges contre le bord.

Remplir le fond de tarte de poids de cuisson (billes de céramique, légumes secs...).

Enfourner pour 15 minutes, jusqu'à ce que la pâte soit cuite mais encore blanche. Retirer les poids et le papier.

5

LA QUICHE AUX OIGNONS

15 MINUTES

+ CUISSON 25 MIN

PRÉCHAUFFER LE FOUR À 180 °C (TH. 6).

AVEC MON FOUR : TH. ______

Mélanger au fouet le lait, la crème, les œufs et le jaune. Assaisonner de sel, de piment de Cayenne et de noix de muscade.

Ajouter les oignons et les lardons, puis verser l'appareil dans le fond de tarte et décorer la surface de rouelles d'oignon.

Enfourner et laisser cuire 25 minutes, jusqu'à ce que l'appareil soit ferme et bien coloré.

QUICHE AUX OIGNONS

LES ATELIERS DE MasterChef

LÉGUMES
FARCIS

35 min PRÉPARATION + 30 min CUISSON = 1 h 5 TOUT COMPRIS

★ NIVEAU

€ BUDGET

INGRÉDIENTS	POUR 8 PERSONNES
TOMATES	8
COURGETTES RONDES	8
GROS OIGNONS	8
SEL	
TRANCHES DE PAIN DE MIE	8
LAIT	15 cl
PERSIL	½ botte
BASILIC	½ botte
AIL	4 gousses
HUILE D'OLIVE	5 cl + 3 cl
CHAIR À SAUCISSE	800 g
ŒUFS	6
QUATRE-ÉPICES	
POIVRE	
COGNAC	2 cl
PARMESAN RÂPÉ	200 g

● **BOISSON** saint-bris // reuilly

CHANGEMENT D'ASSOCIATIONS

NOTE MÉDITERRANÉENNE

▶ Ajouter des dés de jambon cru à la farce et quelques olives pour un côté « soleil ».

PAS DE COURGETTES RONDES ?

▶ Utiliser des courgettes coupées en tronçons à la place des petites courgettes boules.

HERBES FRAÎCHES

Éviter d'utiliser des herbes de Provence sèches : elles sont pauvres en goût et leur texture est désagréable.

AUTRES HERBES

Persil et basilic sont les herbes les plus couramment employées, mais d'autres herbes fraîches conviennent également : cerfeuil, ciboulette...

PAS DE CHAIR À SAUCISSES ?

Utiliser un mélange haché de veau et de poulet.

SANS ALCOOL

Le cognac apporte de la saveur, mais n'est pas indispensable à la recette.

AVEC CETTE RECETTE

JE MAÎTRISE MAINTENANT

☐ LA FARCE DES LÉGUMES

☐ LA CUISSON AU FOUR DES LÉGUMES FARCIS

JE ME NOTE

...... /20

CRÉMERIE / BOUCHERIE

PRIMEUR

ÉPICERIE

1
PRÉPARATION DES LÉGUMES

20 MINUTES

Laver les légumes, puis découper un chapeau dans chacun d'eux.

Évider l'intérieur des légumes à l'aide d'une cuillère ; réserver la pulpe des courgettes et des oignons.

CONSEIL MasterChef

PRENDRE SOIN DE NE PAS PERCER LE FOND OU LA PAROI, POUR ÉVITER QUE LA FARCE NE SORTE PENDANT LA CUISSON.

Saler légèrement l'intérieur des tomates.

Les retourner sur une grille et les laisser égoutter quelques minutes.

CONSEIL MasterChef

LE SEL « ASPIRE » L'EAU DES TOMATES : CELA PERMET D'ASSÉCHER UN PEU LA PULPE, ET DONC D'ÉVITER UN TROP RAPIDE AFFAISSEMENT DES TOMATES LORS DE LA CUISSON.

2
LA FARCE

10 MINUTES

+ CUISSON 5 MIN

Enlever la croûte des tranches de pain de mie, puis les mettre à tremper dans le lait.

CONSEIL MasterChef

LES CROÛTES SONT TROP DURES POUR BIEN ABSORBER LE LAIT. ELLES DOIVENT ÊTRE RETIRÉES, SINON LA FARCE NE SERA PAS AUSSI FINE.

Rincer et éponger les herbes. Peler les gousses d'ail.

Hacher séparément les herbes et l'ail : réduire l'ail en purée ; hacher le basilic grossièrement, et le persil finement.

Hacher grossièrement la pulpe réservée des oignons et des courgettes.

CONSEIL MasterChef

HACHER RÉGULIÈREMENT, MAIS PAS TROP FINEMENT : IL FAUT RETROUVER DE LA MÂCHE DANS LA FARCE À LA FIN DE LA CUISSON.

Faire sauter rapidement la pulpe de légumes à la poêle dans un filet d'huile d'olive, puis laisser refroidir.

CONSEIL MasterChef

LES LÉGUMES DOIVENT ÊTRE BIEN FROIDS AVANT D'ÊTRE AJOUTÉS À LA FARCE, FAUTE DE QUOI ILS VONT CUIRE LES PARTIES QUI SERONT EN CONTACT AVEC EUX.

Malaxer la chair à saucisse avec les œufs battus, le quatre-épices, du sel, du poivre, le pain imbibé de lait et le cognac.

CONSEIL MasterChef

À CE STADE, LA FARCE EST QUELQUE PEU LIQUIDE, MAIS ELLE VA SE SOLIDIFIER LORS DE LA CUISSON.

Ajouter la pulpe de légumes et le parmesan, puis mélanger à nouveau.

CONSEIL MasterChef

ACHETER DE PRÉFÉRENCE UN MORCEAU DE PARMESAN ET RÂPER LA QUANTITÉ DE FROMAGE DÉSIRÉE : C'EST LA SOLUTION LA MEILLEURE DU POINT DE VUE DU GOÛT.

3

CUISSON DES LÉGUMES

5 MINUTES

+ CUISSON 25 MIN

PRÉCHAUFFER LE FOUR À 200 °C (TH. 6-7).

AVEC MON FOUR : TH. ____________

____

____

____

____

____

____

____

Badigeonner d'huile d'olive le fond et le bord d'un grand plat à rôtir, puis assaisonner.

CONSEIL MasterChef

UTILISER UN PINCEAU POUR BADIGEONNER LE PLAT DE FAÇON À DÉPOSER UNE FINE COUCHE D'HUILE SEULEMENT.

Remplir les légumes de farce et les ranger au fur et à mesure dans le plat.

Enfourner, baisser la température à 180 °C (th. 6) et laisser cuire pendant 15 minutes.

Couvrir chaque légume de son chapeau et prolonger la cuisson de 10 minutes.

LÉGUMES FARCIS

LES ATELIERS DE MasterChef

POTÉE

30 min PRÉPARATION + 4 h 25 CUISSON = 4 h 55 TOUT COMPRIS

★ NIVEAU

€€ BUDGET

INGRÉDIENTS	POUR 8 PERSONNES
JARRETS DE PORC SALÉS	3
PETIT SALÉ	500 g
QUEUE DE COCHON	1
CHOU	1
CAROTTES	8
NAVETS	4
POMMES DE TERRE	1 kg
OIGNONS	2
CLOUS DE GIROFLE	4
AIL	8 gousses
BOUQUET GARNI	1
BAIE DE GENIÈVRE	
POIVRE EN GRAINS	
SAUCISSES À CUIRE	4
SEL	

● **BOISSON** anjou village // beaujolais village

CHANGEMENT D'ASSOCIATIONS

SANS JARRET

▶ Remplacer les jarrets par de la poitrine fumée.

SANS QUEUE

▶ Remplacer la queue par un pied apporte autant de gélatineux à la cuisson.

ENLEVER FACILEMENT LES AROMATES Glisser les aromates dans un filtre à café, ficeler l'extrémité et plonger ce nouet dans le bouillon de cuisson. Il suffira de le ressortir en fin de cuisson pour enlever tous les aromates d'un coup.

BON BOUILLON La potée est nourrissante, et le bouillon mérite d'être dégusté dans une tasse ou un bol au début du repas.

ET S'IL EN RESTE ? Les restes de potée permettent de faire d'excellentes lasagnes (voir p. 221) ; il suffit d'ajouter un peu de sauce tomate.

PAS DE SAUCISSES À CUIRE ?

Utiliser des petites saucisses fumées (une par personne) ou une grosse (saucisse de Morteau), qui sera partagée entre les convives.

AVEC CETTE RECETTE

JE MAÎTRISE MAINTENANT

☐ LA CUISSON D'UNE VIANDE FUMÉE

☐ LA CUISSON DU CHOU FRAIS

JE ME NOTE

...../20

BOUCHERIE

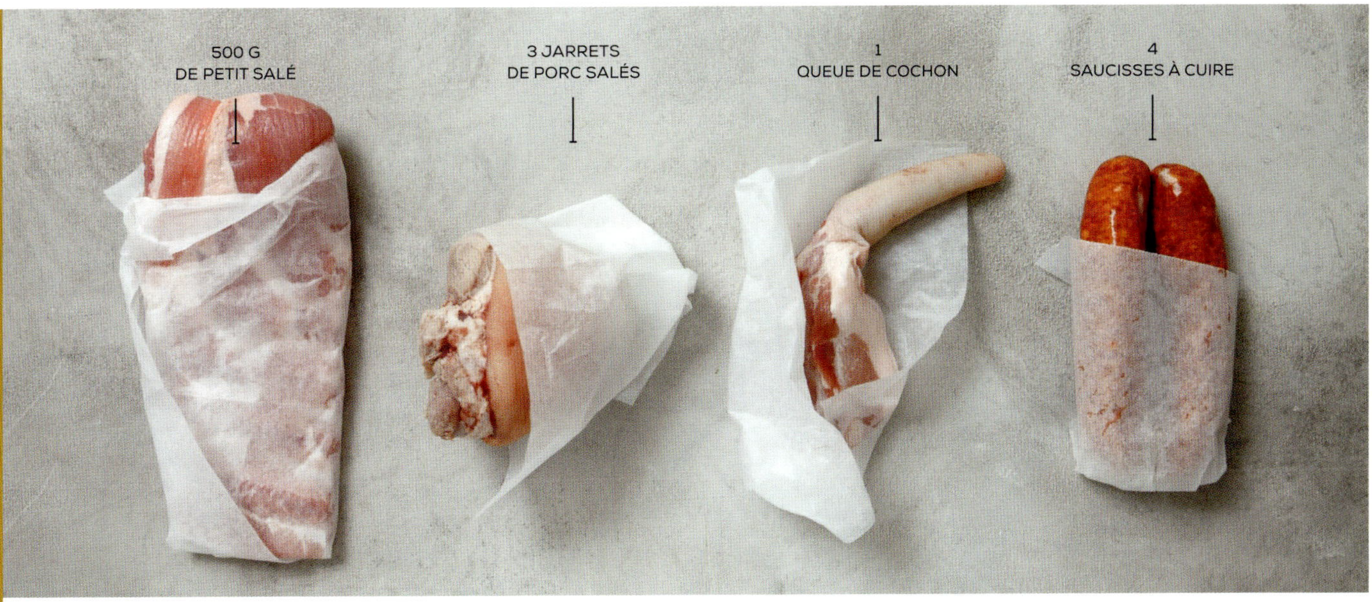

PRIMEUR

ÉPICERIE

1

BLANCHIR ET DESSALER LA VIANDE

10 MINUTES

+ CUISSON 20 MIN

Placer les jarrets, le petit salé et la queue de cochon dans une marmite, puis les recouvrir largement d'eau froide.

CONSEIL MasterChef

IL FAUT AU MOINS 5 CM D'EAU AU-DESSUS DES VIANDES POUR QUE LE SEL PUISSE MIGRER CONVENABLEMENT.

CONSEIL MasterChef

DÉMARRER LA CUISSON À L'EAU FROIDE FAVORISE LA MIGRATION DU SEL ET DES IMPURETÉS VERS LE LIQUIDE, ET LE PRINCIPE D'OSMOSE ASSURE LA PERTE EN SEL DE LA VIANDE JUSQU'À CE QUE LES CONCENTRATIONS EN SEL DE LA PARTIE LIQUIDE ET DE LA PARTIE SOLIDE SOIENT ÉQUILIBRÉES.

Porter à ébullition, pour dessaler notamment, et laisser cuire une quinzaine de minutes.

Écumer régulièrement, à l'aide d'une écumoire ou d'une petite louche.

CONSEIL MasterChef

L'ÉCUME EST RICHE EN IMPURETÉS, IL EST IMPORTANT DE LA RETIRER.

2

PRÉPARER LES LÉGUMES

15 MINUTES

+ CUISSON 5 MIN

Laver et éplucher les légumes.

Détailler les plus gros en quartiers ou en tronçons.

CONSEIL MasterChef

LA TAILLE DES LÉGUMES DOIT ÊTRE ÉQUILIBRÉE, POUR FAVORISER UNE CUISSON RÉGULIÈRE ET CONSTANTE.

Peler les oignons et y piquer les clous de girofle.

CONSEIL MasterChef

IL FAUT CLOUTER LES OIGNONS PRÈS DES RACINES, CAR C'EST LA PARTIE DES BULBES QUI SE DÉFAIT LE MOINS : AINSI, LES CLOUS DE GIROFLE NE TOMBERONT PAS LORS DE LA CUISSON.

Blanchir le chou à l'eau bouillante pendant 5 minutes, puis le rafraîchir et l'égoutter.

CONSEIL MasterChef

CETTE PRÉCUISSON DU CHOU PERMET DE LE RAMOLLIR ET D'ÉLIMINER LES COMPOSÉS SOUFRÉS RESPONSABLES DE SON ODEUR PERSISTANTE. IL FAUT TOUJOURS JETER L'EAU DE PRÉCUISSON.

3

POCHER LA POTÉE

5 MINUTES

+ CUISSON 4 H

Placer l'ensemble des éléments, à l'exception des pommes de terre et des saucisses, dans la marmite.

CONSEIL MasterChef

PRIVILÉGIER UN RÉCIPIENT ASSEZ LARGE POUR QUE, LORS DE LA CUISSON, CERTAINS INGRÉDIENTS NE SE RETROUVENT PAS ÉCRASÉS PAR LES AUTRES.

Couvrir d'eau et porter à ébullition sur feu vif.

CONSEIL MasterChef

PLUS L'ÉBULLITION SERA RAPIDE, PLUS LES ALIMENTS CONSERVERONT LEUR SAVEUR.

Écumer régulièrement, à l'aide d'une écumoire ou d'une petite louche.

Dès que l'eau bout, baisser le feu et laisser mijoter à frémissement pendant 3 heures.

CONSEIL MasterChef

LA CUISSON DOIT ÊTRE DOUCE. SI LA VIANDE CUIT DANS UN LIQUIDE BOUILLANT, ELLE SERA DURE ET FIBREUSE.

Tester la cuisson en piquant la viande à cœur avec la pointe d'un couteau fin : elle doit s'enfoncer sans peine.

Goûter et, si nécessaire, rectifier l'assaisonnement.

Ajouter les saucisses et les pommes de terre dans la marmite.

Faire pocher l'ensemble pendant 45 minutes avant de servir, directement dans la marmite ou sur un plat de service.

LES ATELIERS MasterChef

POTÉE

LES ATELIERS DE MasterChef

POT-AU-FEU

QUI DEVIENT HACHIS PARMENTIER

1 h 10 PRÉPARATION + 6 h 15 CUISSON = 7 h 25 TOUT COMPRIS

NIVEAU ★

BUDGET €

INGRÉDIENTS	POUR 8 PERSONNES
POIREAUX	800 g
NAVETS	800 g
CÉLERI	2 branches
CAROTTES	400 g + 100 g
OIGNONS	200 g + 100 g
AIL	4 gousses + 3 gousses
CLOUS DE GIROFLE	3
OS À MOELLE	4
PLAT DE CÔTES	800 g
GÎTE	800 g
MACREUSE	800 g
GROS SEL	1 c. à s.
BOUQUET GARNI	1 + 1
POIVRE EN GRAINS	8
HUILE D'OLIVE	3 cl
LARDONS SALÉS	200 g
CONCENTRÉ DE TOMATES	50 g
FARINE	50 g
BOUILLON DE VIANDE	1 l
TOMATES	1 kg
SEL, POIVRE BLANC, SUCRE SEMOULE	
POMMES DE TERRE BINTJE	2 kg
LAIT	50 cl
NOIX DE MUSCADE	
BEURRE	200 g + 25 g + 25 g
CHAPELURE BLONDE	100 g

● **BOISSON** coteaux-du-lyonnais // côtes-de-provence

PAS DE GÎTE ? Le remplacer par du jumeau ou de la joue de bœuf.

CHANGEMENT D'ASSOCIATIONS

LÉGUMES OUBLIÉS

▶ Remplacer les légumes proposés ici par des panais, des topinambours, des crosnes...

POT-AU-FEU DE VOLAILLE AU FOIE GRAS

▶ Remplacer la viande de bœuf par une poule, une crosse de jambon et un foie gras cru, en veillant à adapter le temps de cuisson.

AVEC CETTE RECETTE

JE SAIS MAINTENANT

- ☐ POCHER DES VIANDES
- ☐ RÉALISER UNE PURÉE POUR UN GRATIN
- ☐ MONTER ET GRATINER UN HACHIS PARMENTIER

JE ME NOTE

...... /20

BOUCHERIE

PRIMEUR

ÉPICERIE / CRÉMERIE

1

LE POT-AU-FEU

+ CUISSON 4 H

Laver et éplucher les poireaux, les navets, le céleri, 400 g de carottes et 200 g d'oignons.

Couper en tronçons les poireaux et les branches de céleri. Écraser 4 gousses d'ail. Piquer les oignons des clous de girofle.

Blanchir les os à moelle durant 2 minutes avec un départ à l'eau froide, puis les égoutter et jeter l'eau ; réserver les os.

Placer les viandes dans une marmite, les couvrir d'eau, saler et porter à ébullition.

Maintenir l'ébullition pendant 10 minutes et écumer les impuretés à l'aide d'une spatule.

Ajouter un bouquet garni, le gros sel et les grains de poivre, les oignons piqués et l'ail écrasé. Laisser mijoter doucement 1 h 30.

Ajouter les tronçons de poireau et de céleri, et faire pocher le tout pendant 1 heure à feu doux.

Couper les carottes et les navets en gros morceaux, les jeter dans la marmite et poursuivre la cuisson durant 40 minutes.

Ajouter alors les os à moelle et prolonger la cuisson de 20 minutes.

2

LA SAUCE TOMATE

20 MINUTES

+ CUISSON 1 H 30

PRÉCHAUFFER LE FOUR À 200 °C (TH. 6-7).

AVEC MON FOUR : TH. ____________

Tailler 100 g de carottes et 100 g d'oignons en dés de 1 cm de côté. Les faire suer à l'huile d'olive dans une petite cocotte.

Blanchir les lardons, puis les jeter dans la cocotte et ajouter le concentré de tomates.

Singer avec la farine, bien mélanger et enfourner pour 5 minutes afin de colorer légèrement la farine.

BAISSER LA TEMPÉRATURE DU FOUR À 160 °C (TH. 5-6).

AVEC MON FOUR : TH. ____________

Remettre sur le feu et ajouter le bouillon, les tomates coupées en quatre, un bouquet garni et 3 pincées de sucre. Saler et poivrer.

Porter à ébullition en remuant, puis couvrir, enfourner et cuire 1 h 30. En fin de cuisson, passer au chinois sans fouler.

3

LE HACHIS PARMENTIER

30 MINUTES

+ CUISSON 45 MIN

Peler, tailler en gros morceaux et cuire à l'anglaise les bintjes. Les égoutter et, si elles sont trop humides, les sécher au four.

PRÉCHAUFFER LE FOUR À 240 °C (TH. 8).

AVEC MON FOUR : TH. ______

Faire chauffer le lait assaisonné de sel, de poivre et de noix de muscade. Écraser la pulpe de pommes encore chaude.

Travailler la purée sur feu doux en incorporant petit à petit 200 g de beurre, puis le lait bouillant. Rectifier l'assaisonnement.

Émietter ou hacher grossièrement les différents morceaux de viande, puis lier le tout avec de la sauce tomate.

Beurrer un grand plat à gratin et déposer dans le fond une première couche de purée de pommes de terre.

Étaler par-dessus le bœuf à la sauce tomate et recouvrir l'ensemble du reste de purée.

Parsemer de chapelure la surface du hachis et l'arroser de 25 g de beurre fondu. Enfourner et faire gratiner 15 à 20 minutes

LES ATELIERS MasterChef

POT-AU-FEU QUI DEVIENT HACHIS PARMENTIER

LES ATELIERS DE MasterChef

CHOUCROUTE
AU RIESLING

40 min + 2 h 20 = 3 h ★ €€

PRÉPARATION — CUISSON — TOUT COMPRIS — NIVEAU — BUDGET

INGRÉDIENTS	POUR 8 PERSONNES
OIGNONS	400 g
CLOUS DE GIROFLE	2
CAROTTES	300 g
COUENNE DE LARD FUMÉ	250 g
CHOUCROUTE CRUE	2 kg
BAIES DE GENIÈVRE	16
BOUQUET GARNI	1
SEL	
ÉCHINE DE PORC	800 g
POITRINE DE PORC FRAÎCHE	400 g
RIESLING	75 cl
POMMES DE TERRE	1,5 kg
SAUCISSES FUMÉES	800 g
POIVRE	

● **BOISSON** riesling // bière

CHANGEMENT D'ASSOCIATIONS

AUTRES VIANDES
▶ Utiliser de la palette de porc fumée et des saucisses de Strasbourg.

À LA BIÈRE
▶ Cuire la choucroute à la bière plutôt qu'au vin blanc.

AU POISSON
Utiliser des poissons de rivière à la place de la viande pour réaliser une choucroute sans viande, en adaptant le temps de cuisson.

PAS DE COUENNE ?
Foncer le fond du récipient d'un peu de saindoux ou de graisse d'oie.

INDISPENSABLE GENIÈVRE
Les baies de genièvre apportent une saveur boisée inimitable à la choucroute ; c'est l'aromate obligatoire !

PLUS RAPIDE
Il est possible d'acheter de la choucroute cuite ; dans ce cas, cuire la viande à part.

AVEC CETTE RECETTE

JE MAÎTRISE MAINTENANT

- ☐ LA CUISSON DE LA CHOUCROUTE AU FOUR
- ☐ LA CUISSON AU VIN BLANC
- ☐ LE POCHAGE DE LA VIANDE

JE ME NOTE

...../20

BOUCHERIE

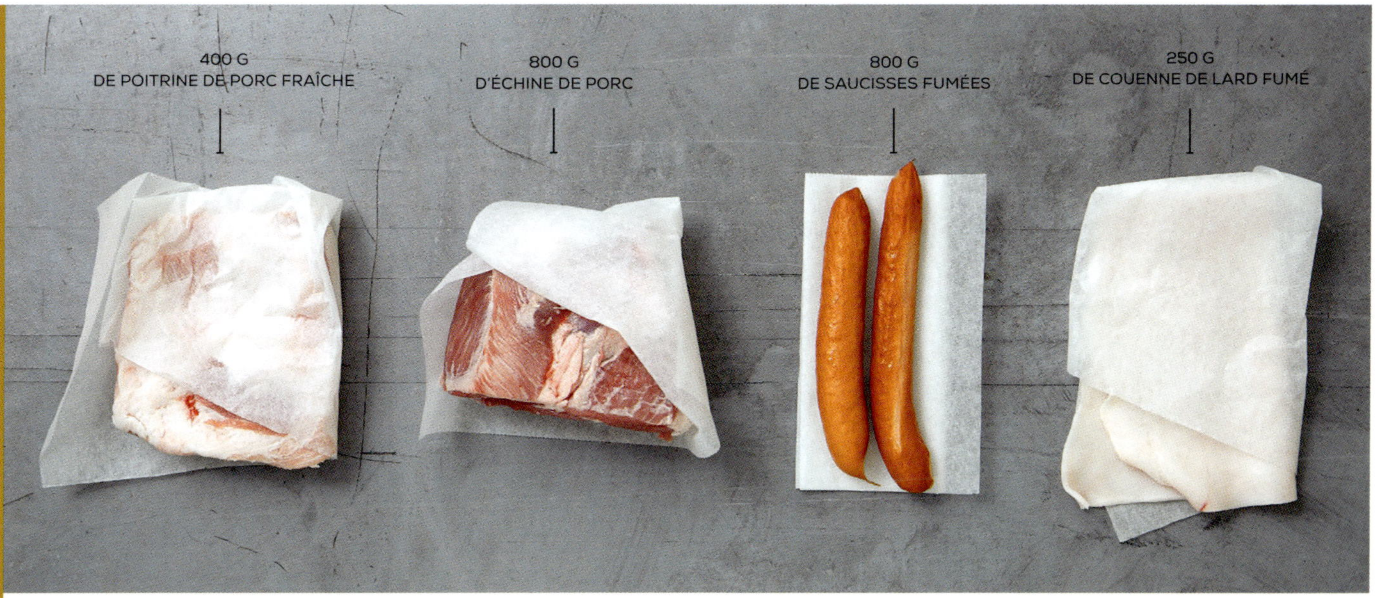

PRIMEUR

ÉPICERIE

1

LA GARNITURE AROMATIQUE

10 MINUTES

Peler les oignons et les clouter près de la racine.

CONSEIL MasterChef

LES CLOUS DE GIROFLE PIQUÉS PRÈS DE LA RACINE D'UN OIGNON NE TOMBENT PAS LORS DE LA CUISSON, CAR CETTE ZONE EST LA PARTIE LA PLUS FERME DE L'OIGNON.

Laver et éplucher les carottes, puis les fendre en deux.

2

CHOUCROUTE AU RIESLING

10 MINUTES

+ CUISSON 2 H

PRÉCHAUFFER LE FOUR À 160 °C (TH. 5-6).

AVEC MON FOUR : TH. ____________

Garnir le fond d'une cocotte de couenne de lard fumé.

Disposer en couches successives la choucroute, les carottes, les oignons, le bouquet garni et les baies de genièvre dans la cocotte.

CONSEIL MasterChef

SUPERPOSER LES COUCHES PERMET DE BIEN RÉPARTIR L'ASSAISONNEMENT ET LES AROMATES AU SEIN DU CHOU.

Saler un peu, puis disposer les morceaux d'échine et de poitrine de porc dans la cocotte, sur le tout.

Mouiller avec le vin blanc et compléter à hauteur avec de l'eau.

CONSEIL MasterChef

CUIRE AVEC PLUS D'EAU QUE DE VIN PERMET D'OBTENIR UNE CHOUCROUTE PLUS DIGESTE ET MOINS ACIDE.

Porter à ébullition, puis couvrir la cocotte et l'enfourner. Laisser cuire pendant environ 1 h 30.

CONSEIL MasterChef

LA CUISSON AU FOUR ASSURE UNE CHALEUR DOUCE ET RÉGULIÈRE.

Ajouter les saucisses fumées et prolonger la cuisson d'environ 30 minutes.

3

LES POMMES VAPEUR

10 MINUTES

+ CUISSON 20 MIN

Laver et éplucher les pommes de terre.

Tourner les pommes de terre à l'aide d'un petit couteau bien aiguisé pour les façonner en morceaux ovoïdes identiques.

CONSEIL MasterChef

TOURNER LES POMMES DE TERRE EST UNE OPÉRATION UN PEU LONGUE LORSQU'ON N'A PAS L'HABITUDE DE LE FAIRE. ON PEUT L'ÉVITER, MAIS IL FAUT ALORS COUPER LES POMMES DE TERRE EN QUARTIERS DE MÊME TAILLE POUR QUE LEUR CUISSON SOIT UNIFORME.

Faire cuire les pommes de terre à la vapeur pendant 20 minutes.

CONSEIL MasterChef

LA CUISSON À LA VAPEUR PERMET AUX POMMES DE TERRE DE RESTER FERMES, ET NON DE SE GORGER D'EAU.

4

TERMINER LA CHOUCROUTE

10 MINUTES

Goûter la choucroute et, si nécessaire, rectifier l'assaisonnement.

CONSEIL MasterChef

GOÛTER EN FIN DE CUISSON PERMET D'AJUSTER PARFAITEMENT L'ASSAISONNEMENT. IL NE FAUT JAMAIS SALER BEAUCOUP AU DÉBUT D'UNE CUISSON LONGUE, CAR LE JUS VA RÉDUIRE ET SE CONCENTRER EN SEL.

Retirer les éléments aromatiques : oignons cloutés, carottes, couenne...

Découper les morceaux de viande en tranches régulières.

Dresser la choucroute égouttée en dôme, la viande et les pommes de terre autour.

CHOUCROUTE AU RIESLING

LES ATELIERS DE MasterChef

BŒUF BOURGUIGNON

45 min PRÉPARATION + 4 h 30 CUISSON + 12 h ATTENTE = 17 h 15 TOUT COMPRIS

★★ NIVEAU

€ BUDGET

INGRÉDIENTS	POUR 8 PERSONNES
PALERON DE BŒUF	1,2 kg
AIL	2 gousses + 2 gousses
CAROTTES	100 g + 200 g
OIGNONS	100 g + 200 g
POIVRE NOIR	10 grains
BAIES DE GENIÈVRE	5
CLOUS DE GIROFLE	2
SEL	
BOUQUETS GARNIS	1 + 1
BOURGOGNE	75 cl
COGNAC	10 cl
HUILE DE TOURNESOL	5 cl + 5 cl
POIVRE	
FARINE	50 g
FOND DE VEAU BRUN CLAIR	75 cl

● **BOISSON** mercurey rouge // pommard

CHANGEMENT D'ASSOCIATIONS

DAUBE DE BŒUF
▶ Remplacer le bourgogne par un vin du Sud-Ouest et ajouter du zeste d'orange pour réaliser une daube de bœuf.

PAS DE VIN ROUGE ?
▶ Remplacer le vin rouge par un bon vinaigre et un peu de bouillon de légumes.

QUELS MORCEAUX DE VIANDE ?
Les morceaux de 2e et de 3e catégories sont parfaits pour les cuissons longues.

SANS BŒUF Avec un coq coupé en morceaux à la place de bœuf, la même recette permet de faire un délicieux coq au vin.

PAS DE PALERON ?
Utiliser de la macreuse ou, encore plus tendre mais un peu gélatineux, de la joue de bœuf.

GARNITURE TRADITIONNELLE
Elle est composée de petits oignons glacés à brun, de champignons sautés (voir p. 218) et de lardons sautés.

SUR LE FEU OU AU FOUR ?
Cuire le ragoût au four évite à la sauce d'attacher car la chaleur est douce et régulière.

AVEC CETTE RECETTE

JE SAIS MAINTENANT

☐ MARINER UNE VIANDE AU VIN ROUGE
☐ RISSOLER UNE VIANDE COUPÉE EN MORCEAUX
☐ MOUILLER ET CUIRE UN RAGOÛT

JE ME NOTE ...../20

ÉPICERIE / BOUCHERIE

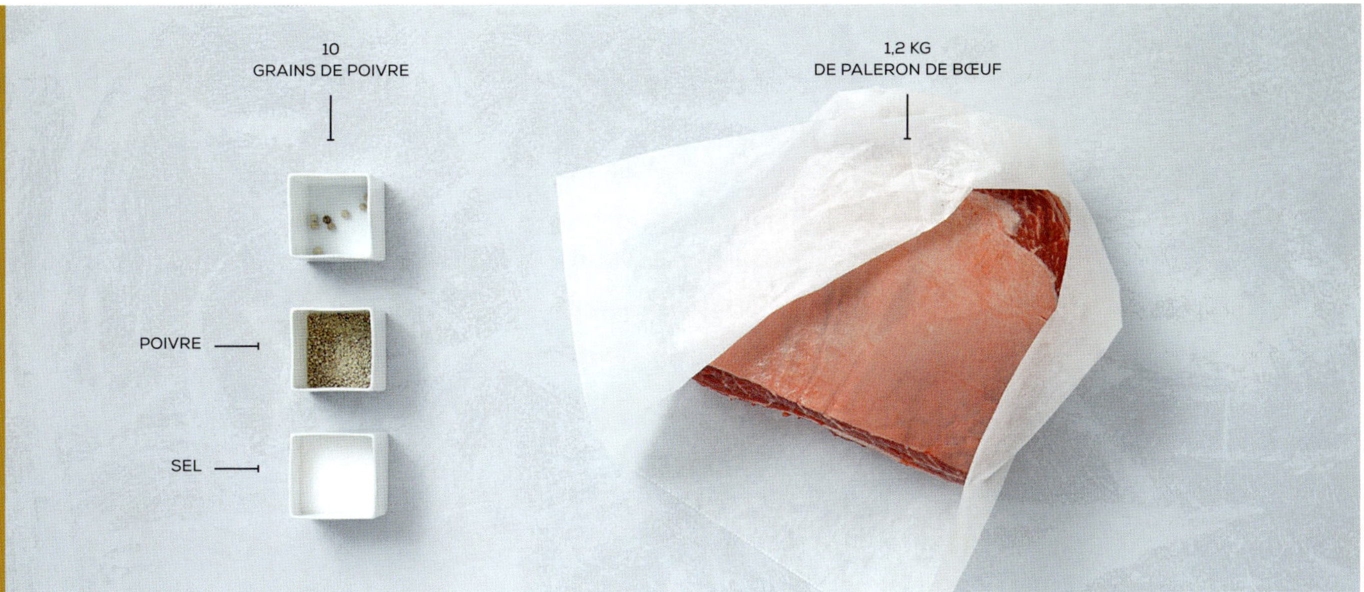

PRIMEUR

ÉPICERIE

1

LA VEILLE
FAIRE MARINER LA VIANDE

10 MINUTES

+ ATTENTE 12 H

Détailler la viande en morceaux de 50 g environ dans un saladier. Écraser 2 gousses d'ail avec le plat de la lame d'un couteau.

Éplucher 100 g de carottes et 100 g d'oignons, les laver et les tailler grossièrement en cubes.

Mélanger les légumes, l'ail, les épices et un bouquet garni avec la viande. Verser le vin rouge et le cognac, puis un filet d'huile.

CONSEIL MasterChef

LE FILET D'HUILE D'OLIVE S'ÉTEND À LA SURFACE ET MET LA VIANDE À L'ABRI DE L'OXYGÈNE, EMPÊCHANT LE DÉVELOPPEMENT DES BACTÉRIES AÉROBIES.

Filmer et laisser mariner au froid pendant environ 12 heures.

CONSEIL MasterChef

IL FAUT VEILLER À BIEN FILMER LES PRODUITS MIS EN MARINADE EN PLAÇANT LA FEUILLE DE FILM ALIMENTAIRE AU CONTACT DU LIQUIDE, POUR LIMITER AU MAXIMUM L'OXYDATION DUE À L'OXYGÈNE DE L'AIR.

2

LA GARNITURE AROMATIQUE

10 MINUTES

Laver, éplucher et tailler en gros cubes 200 g de carottes et 200 g d'oignons. Écraser 2 gousses d'ail.

3

CUIRE LE RAGOÛT À BRUN

15 MINUTES

+ CUISSON 4 H 30

PRÉCHAUFFER LE FOUR À 240 °C (TH. 8).

AVEC MON FOUR : TH. ____________

Décanter les morceaux de bœuf tout en réservant la marinade, puis les éponger.

Faire chauffer de l'huile dans une cocotte et, quand elle fume, y faire rissoler les morceaux de bœuf.

CONSEIL MasterChef

RISSOLER CONSISTE À SAISIR ET À COLORER FORTEMENT LA VIANDE DANS UN CORPS GRAS CHAUD.
PLUS LE RISSOLAGE EST POUSSÉ, PLUS LA SAUCE EST COLORÉE ET PLUS LE GOÛT EST PRONONCÉ.

Ajouter les carottes et les oignons, assaisonner et pincer légèrement, pendant 5 minutes.

CONSEIL MasterChef

PINCER LA GARNITURE CONSISTE À LA COLORER TRÈS LÉGÈREMENT DANS UN CORPS GRAS.
IL FAUT VEILLER À NE PAS TROP LA COLORER, FAUTE DE QUOI ELLE COMMUNIQUERAIT UN GOÛT AMER À LA SAUCE.

Débarrasser dans un plat et dégraisser partiellement la cocotte, puis y remettre la viande.

La saupoudrer de 50 g de farine et remuer pour en enrober les morceaux.

PRÉCHAUFFER LE FOUR À 150 °C (TH. 5).

AVEC MON FOUR : TH. ____________

Glisser la cocotte dans le four et laisser cuire pendant 5 minutes pour assurer une légère coloration.

Sortir la cocotte du four. Mouiller avec 75 cl de marinade filtrée, porter rapidement à ébullition et laisser réduire 5 minutes.

Ajouter le fond brun clair, l'ail écrasé et un bouquet garni. Porter à ébullition, puis couvrir et enfourner pour 4 heures.

CONSEIL MasterChef

UN FOND BRUN CLAIR EST UN FOND BRUN NON LIÉ, DONC TRÈS LIQUIDE.

4

LA FINITION

10 MINUTES

Sortir la cocotte du four et décanter les morceaux de bœuf.

Vérifier la liaison de la sauce. Si nécessaire, la transférer dans une casserole et la faire réduire pour qu'elle épaississe un peu.

Rectifier l'assaisonnement et filtrer la sauce à l'aide d'un chinois sur la viande. Réserver au chaud jusqu'au moment de servir.

LES ATELIERS MasterChef

BŒUF BOURGUIGNON

LES ATELIERS DE MasterChef

NAVARIN
D'AGNEAU

50 min PRÉPARATION + 1 h 55 CUISSON = 2 h 45 TOUT COMPRIS

★★ NIVEAU

€€ BUDGET

INGRÉDIENTS	POUR 8 PERSONNES
ÉPAULE D'AGNEAU DÉSOSSÉE	1,5 kg
AIL	4 gousses
OIGNONS	200 g
BOUQUET GARNI	1
HUILE	10 cl
FARINE	100 g
CONCENTRÉ DE TOMATES	50 g
SUCRE	1 pincée
SEL	
POIVRE	

BOISSON madiran // cahors

CHANGEMENT D'ASSOCIATIONS

NOTE DE FRAÎCHEUR
Ajouter en fin de cuisson des quartiers de concombre pour apporter de la fraîcheur.

TOUCHE SLAVE
Ajouter du paprika au début de la cuisson et un peu de crème aigre au moment du service.

AGNEAU OU MOUTON ?
En grandissant, l'agneau devient mouton. Sa chair est plus foncée, et son goût plus fort. On peut le cuisiner en augmentant un peu le temps de cuisson, mais il faut penser à bien le dégraisser car la graisse apporte un goût peu agréable.

PAS D'ÉPAULE ?
Choisir du collier, du haut de côtes ou de la poitrine.

COMBIEN DE MORCEAUX ?
Traditionnellement, on compte trois morceaux par personne.

« NAVARIN » DE VEAU
Le navarin est propre à l'agneau, mais on peut aussi réaliser cette recette avec de l'épaule de veau.

AVEC DES FRUITS
L'agneau se marie très bien avec les pommes, les poires et les coings, et bien entendu avec les fruits secs.

AVEC CETTE RECETTE

JE SAIS MAINTENANT

- ☐ DÉTAILLER UNE ÉPAULE
- ☐ SINGER
- ☐ DÉCANTER

JE ME NOTE ...... /20

BOUCHERIE

PRIMEUR

ÉPICERIE

1

DÉTAILLER L'ÉPAULE D'AGNEAU

10 MINUTES

Parer et dégraisser partiellement l'épaule.

À l'aide d'un petit couteau, enlever la pellicule graisseuse à la surface pour mettre le muscle à nu.

Couper l'épaule en morceaux d'environ 50 à 60 g pièce, soit 24 morceaux.

2

CUIRE LE NAVARIN

30 MINUTES

+ CUISSON 1 H 55

PRÉCHAUFFER LE FOUR À 210 °C (TH. 7).

AVEC MON FOUR : TH. ______

Écraser les gousses d'ail sans les éplucher, du plat de la lame d'un couteau. Peler et ciseler les oignons.

Mettre l'huile à chauffer fortement dans une marmite.

Faire rissoler tout ou partie de l'agneau dans l'huile fumante, sans superposer les morceaux. Au besoin, procéder en plusieurs fois.

Retourner les morceaux d'épaule et laisser colorer fortement chaque face.

CONSEIL MasterChef

LE RISSOLAGE EST UNE ÉTAPE TRÈS IMPORTANTE :
C'EST ELLE QUI VA DONNER GOÛT ET COULEUR À LA SAUCE.

Dégraisser partiellement le récipient de cuisson.

Ajouter les oignons ciselés et les laisser suer quelques minutes à feu doux.

Singer les morceaux d'agneau et mélanger pour bien enrober chacun d'eux de farine.

CONSEIL MasterChef

SINGER CONSISTE À SAUPOUDRER DE FARINE DES MORCEAUX DE VIANDE DANS LE PLAT DE CUISSON. C'EST CE QUI VA ASSURER LA LIAISON DE LA SAUCE (ON COMPTE 50 G DE FARINE PAR LITRE DE LIQUIDE).

Ajouter le concentré de tomates sur les morceaux d'agneau farinés.

Glisser la cocotte dans le four et laisser torréfier pendant 5 minutes.

Remettre sur le feu et mouiller avec environ 2 litres d'eau pour couvrir largement la viande.

BAISSER LA TEMPÉRATURE DU FOUR À 180 °C (TH. 6).

AVEC MON FOUR : TH. ____________

Adjoindre l'ail écrasé, le bouquet garni et l'assaisonnement, puis porter à ébullition sur feu vif.

Couvrir la cocotte, la glisser dans le four et laisser cuire pendant 1 h 30.

3

DÉCANTER LE NAVARIN ET FILTRER LA SAUCE

10 MINUTES

Décanter les morceaux d'agneau à l'aide d'une écumoire et d'une fourchette, et les déposer dans le plat de service.

CONSEIL MasterChef

DÉCANTER SIGNIFIE SÉPARER LA PARTIE SOLIDE DE LA PARTIE LIQUIDE D'UNE PRÉPARATION EN SORTANT LA PREMIÈRE DU RÉCIPIENT DE CUISSON. LE PLUS SOUVENT, C'EST PARCE QUE LA PARTIE SOLIDE EST CUITE ET QU'ON VEUT TERMINER LA SAUCE.

Filtrer la sauce au chinois, sans fouler.

CONSEIL MasterChef

FOULER VEUT DIRE PRESSER LES INGRÉDIENTS SOLIDES D'UNE PRÉPARATION CONTRE LA PAROI D'UNE PASSOIRE. SI ON NE FOULE PAS ICI, C'EST PARCE QU'ON NE VEUT PAS DE PETITS MORCEAUX DE LÉGUMES ÉCRASÉS DANS LA SAUCE (ILS FERMENTERAIENT).

Vérifier l'assaisonnement et la liaison de la sauce avant de la verser sur les morceaux d'agneau.

NAVARIN D'AGNEAU

LES ATELIERS DE MasterChef

POULET SAUTÉ
À LA BASQUAISE ET TIAN DE LÉGUMES

1 h PRÉPARATION + 1 h 35 CUISSON = 2 h 35 TOUT COMPRIS

★★ NIVEAU

€€ BUDGET

INGRÉDIENTS	POUR 8 PERSONNES
AIL	4 gousses + 4 gousses
OIGNONS	400 g
TOMATES	600 g + 800 g
POIVRONS VERTS	300 g
HUILE D'OLIVE	2 cl + 3 cl + 2 cl + 5 cl
CUISSES OU SUPRÊMES DE POULET	8
SEL	
PIMENT D'ESPELETTE	
FARINE	100 g
BEURRE	25 g
VIN BLANC	10 cl
JUS DE VEAU LIÉ	25 cl
AUBERGINES	800 g
COURGETTES	800 g
HERBES DE PROVENCE	

● **BOISSON** cahors // côtes-de-duras

CHANGEMENT D'ASSOCIATIONS

AVEC UNE PINTADE

▶ La pintade convient très bien à cette recette, il faut juste adapter le temps de cuisson.

BEAU GRATIN

▶ Ajouter du parmesan sur le gratin avant la cuisson pour obtenir une belle coloration.

CHOIX DES MORCEAUX DE POULET
Choisir des morceaux de poulet de même taille, uniquement des cuisses ou des suprêmes dans l'idéal.

PAS DE PIMENT D'ESPELETTE ?
Le remplacer par un bon tour de moulin à poivre.

QUELLES TOMATES POUR LE GRATIN
Choisir des tomates à chair ferme, type roma ou torino.

QUELLE SORTE D'OIGNONS ?
Prendre de l'oignon doux pour obtenir une basquaise délicate.

AVEC CETTE RECETTE

JE MAÎTRISE MAINTENANT

- ☐ LA CUISSON DU POULET SAUTÉ
- ☐ LA RÉALISATION DE LA GARNITURE BASQUAISE
- ☐ LE MONTAGE D'UN TIAN

JE ME NOTE

...../20

BOUCHERIE / CRÉMERIE

PRIMEUR

ÉPICERIE

1

PRÉPARER LA GARNITURE BASQUAISE

20 MINUTES

+ CUISSON 30 MIN

Laver, éplucher et écraser 4 gousses d'ail. Laver, éplucher et ciseler les oignons.

Laver 600 g de tomates, leur enlever le pédoncule et les plonger 12 secondes dans de l'eau bouillante.

Arrêter aussitôt la cuisson en passant les tomates dans l'eau glacée, puis les peler, les épépiner et les concasser.

Monder les poivrons verts ou les peler à l'aide d'un économe. Les épépiner et les tailler en lanières d'environ 5 mm de large.

CONSEIL MasterChef

POUR MONDER DES POIVRONS, LES PASSER AU FOUR À 200 °C (TH. 6-7) JUSQU'À CE QUE LA PEAU DEVIENNE NOIRE, PUIS LES ENFERMER DANS UN SAC EN PLASTIQUE POUR QUE LA VAPEUR FINISSE DE DÉCOLLER LA PEAU. LES ÉPLUCHER LORSQU'ILS SONT TIÈDES.

Faire fondre la moitié des oignons dans une sauteuse avec 2 cl d'huile d'olive jusqu'à ce qu'ils soient dorés.

Ajouter les lanières de poivron, les tomates concassées et l'ail.

Assaisonner de sel et de piment d'Espelette, et laisser cuire sur feu très doux jusqu'à évaporation de l'eau de végétation.

2

PRÉPARATION ET CUISSON DU POULET

20 MINUTES

+ CUISSON 45 MIN

PRÉCHAUFFER LE FOUR À 180 °C (TH. 6).

AVEC MON FOUR : TH. ____________

Si on a choisi des cuisses, les partager au niveau de l'articulation. Si on a choisi des suprêmes, les couper en deux.

Assaisonner les morceaux de volaille et les fariner, mais sans excès.

Mettre à chauffer 3 cl d'huile d'olive avec 25 g de beurre dans une cocotte.

Déposer les morceaux de poulet du côté peau dans la matière grasse bien chaude.

Retourner les morceaux pour faire sauter et colorer la deuxième face.

Couvrir la cocotte et l'enfourner pendant 15 minutes pour des suprêmes, et pendant 20 minutes environ pour des cuisses.

Débarrasser le poulet et le réserver au chaud. Dégraisser partiellement la cocotte.

Mettre le reste des oignons ciselés dans la cocotte et les faire suer sans les laisser colorer.

CONSEIL MasterChef

LES OIGNONS DOIVENT SUER SANS COLORATION POUR QUE LES SUCS ACCROCHÉS AU FOND DE LA COCOTTE NE RISQUENT PAS DE BRÛLER (CE SONT EUX QUI VONT APPORTER TOUT SON CARACTÈRE À LA SAUCE).

Déglacer au vin blanc, décoller les sucs en grattant avec une spatule en bois et laisser réduire de moitié.

Mouiller au jus de veau, laisser mijoter 5 minutes et filtrer au chinois ; la sauce doit être onctueuse. Vérifier l'assaisonnement.

3

LE TIAN DE LÉGUMES

20 MINUTES

+ CUISSON 20 MIN

PRÉCHAUFFER LE FOUR À 210 °C (TH. 7).

AVEC MON FOUR : TH. ____________

Éplucher et hacher 4 gousses d'ail. Laver les aubergines, les courgettes et les tomates, puis les couper en tranches de 3 à 5 mm.

Huiler et saler un plat gratin, puis y ranger bien serré les légumes, en intercalant et en faisant se chevaucher les tranches.

Assaisonner, parsemer d'ail haché et d'herbes de Provence, et arroser d'un filet d'huile d'olive. Enfourner pour 20 minutes.

LES ATELIERS MasterChef

POULET SAUTÉ À LA BASQUAISE ET TIAN DE LÉGUMES

LES ATELIERS DE MasterChef

SAUMON
À L'OSEILLE, JARDINIÈRE DE LÉGUMES

1 h 10 PRÉPARATION + 40 min CUISSON = 1 h 50 TOUT COMPRIS

NIVEAU ★★

BUDGET €€

INGRÉDIENTS	POUR 6 PERSONNES
OSEILLE	1 botte
PETITS POIS	400 g
HARICOTS VERTS	250 g
CAROTTES	400 g
NAVETS	400 g
GROS SEL	
BEURRE	15 g + 15 g
ÉCHALOTES	50 g
VIN BLANC	10 cl
CRÈME LIQUIDE	20 cl
FILET DE SAUMON (AVEC LA PEAU)	1 kg
HUILE D'OLIVE	5 cl
FLEUR DE SEL	
PIMENT D'ESPELETTE	

● **BOISSON** chablis // sancerre

LE SAUMON EST GRAS, OUI MAIS...
C'est un poisson gras, mais le plus gras des poissons est toujours moins gras que n'importe quelle viande.

PAS DE SAUMON ?
Utiliser les filets d'un poisson ferme : turbot, dorade ou bar.

AVEC LA PEAU ?
La peau du poisson se mange si elle est bien croustillante et salée, sinon elle est désagréable en bouche.

QUEL POIDS ?
Compter de 150 à 160 g de poisson cru par personne en plat, et environ 120 g en entrée.

CHANGEMENT D'ASSOCIATIONS

ACCORD PARFAIT
▶ Proposer le saumon avec un flan d'épinards (voir p. 221), ces derniers se mariant très bien avec ce poisson.

EN DÉCO
▶ Réaliser une purée avec chacun des légumes prévus pour composer de belles assiettes !

AVEC CETTE RECETTE

JE MAÎTRISE MAINTENANT

☐ LA SAUCE À L'OSEILLE
☐ LA CUISSON D'UN FILET DE POISSON À L'UNILATÉRALE

JE ME NOTE

...../20

POISSONNERIE

PRIMEUR

CRÉMERIE / ÉPICERIE

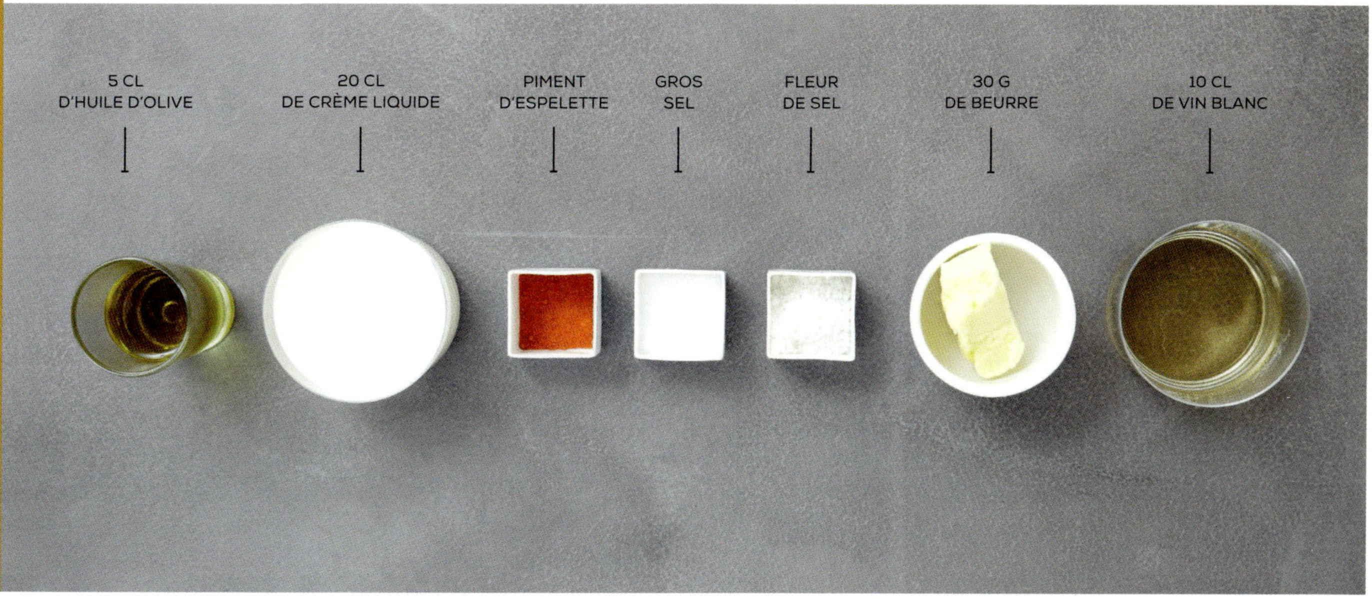

1 PRÉPARER LES LÉGUMES

40 MINUTES

Équeuter les feuilles d'oseille : tirer la tige depuis la base de la feuille vers le haut, en arrachant au passage les grosses nervures.

Écosser les petits pois.

Laver et effiler les haricots verts.

Tronçonner les haricots verts pour qu'ils aient tous la même longueur : 5 à 6 cm.

Laver et éplucher les carottes et les navets.

Les tailler en bâtonnets de 5 à 6 cm de long et de 5 mm de section.

2 CUIRE LA JARDINIÈRE

5 MINUTES

+ CUISSON 15 MIN

Porter de l'eau à ébullition dans quatre casseroles.

Cuire séparément les légumes à l'anglaise.

Contrôler la cuisson des légumes (ils doivent être encore légèrement croquants), puis les rafraîchir dans des bains d'eau glacée.

Égoutter les légumes et les mélanger, puis les mettre dans une sauteuse antiadhésive.

Ajouter 15 g de beurre, couvrir et porter sur feu doux, juste pour réchauffer la jardinière sans laisser les légumes colorer.

3

PRÉPARER LA CRÈME D'OSEILLE

10 MINUTES

+ CUISSON 15 MIN

Peler et ciseler les échalotes.

Les faire suer au beurre sans coloration dans une petite sauteuse.

Déglacer au vin blanc et laisser réduire de moitié.

Ajouter la crème et porter à ébullition.

Jeter les feuilles d'oseille dans la sauce bouillante et laisser mijoter pendant 2 minutes.

Mixer rapidement la sauce, puis la conserver au chaud.

4

CUISSON DES FILETS DE SAUMON

15 MINUTES

+ CUISSON 10 MIN

Écailler soigneusement la peau du filet de saumon.

Le retourner et enlever les arêtes à l'aide d'une pince. Le couper en six et assaisonner de fleur de sel et de piment d'Espelette.

Faire chauffer l'huile d'olive dans une grande poêle antiadhésive et y déposer les morceaux de saumon, côté peau contre le fond.

CONSEIL MasterChef

À DÉFAUT DE POÊLE ANTIADHÉSIVE,
IL EST POSSIBLE DE PLACER UNE FEUILLE DE PAPIER SULFURISÉ ENTRE LE FOND DE LA POÊLE ET LA PEAU DU POISSON.

Augmenter le feu progressivement, pour que la chaleur monte de la peau vers la surface des filets.

La cuisson est parfaite lorsque le centre à la surface des filets de saumon est translucide.

LES ATELIERS MasterChef

SAUMON À L'OSEILLE, JARDINIÈRE DE LÉGUMES

LES ATELIERS DE MasterChef

SOLES MEUNIÈRE

50 min PRÉPARATION + 15 min CUISSON = 1 h 5 TOUT COMPRIS

★★ NIVEAU

€€€ BUDGET

INGRÉDIENTS	POUR 4 PERSONNES
SOLES PORTIONS	4
SEL	
FARINE	65 g
HUILE	6 cl
BEURRE	40 g + 100 g
CITRONS	1 + 1
PERSIL FRISÉ	¼ de botte

● **BOISSON** pouilly fumé // sancerre

CHANGEMENT D'ASSOCIATIONS

AVEC DU MERLAN

▶ Cette recette est réalisable avec tous les poissons, mais elle est particulièrement bonne avec des filets de merlan bien frais.

SANS ARÊTES

▶ Utiliser des filets de sole pour faire des portions sans arêtes.

SOUCI DU DÉTAIL !

Pour protéger la queue après l'avoir colorée, glisser dessous une fine rondelle de pomme de terre crue, pour l'isoler de la chaleur et afin de ne pas la surcuire.

PERSIL ET CITRON

Le citron humidifie le persil, et le persil retient le jus dans ses « plis ». Le beurre chaud versé dessus réagit au contact du persil humide en moussant.

LA FARINE

La farine sèche l'extérieur du poisson et permet d'obtenir une belle coloration et une fine croûte qui protège la chair, laquelle reste ainsi bien moelleuse.

PAS DE PERSIL FRISÉ ?

Le remplacer par une autre herbe fraîche ou surgelée, surtout pas par un produit sec.

CUIT ?

Appuyer sur la chair entre deux filets près de la tête : si la chair se détache au toucher, le poisson est cuit.

AVEC CETTE RECETTE

JE MAÎTRISE MAINTENANT

☐ LA CUISSON D'UN POISSON FARINÉ

☐ L'HABILLAGE D'UNE SOLE

JE ME NOTE

...../20

POISSONNERIE

CRÉMERIE / PRIMEUR

ÉPICERIE

1

HABILLER LES SOLES

30 MINUTES

Écailler les soles de chaque côté en les frottant de la queue vers la tête avec un écailleur ou le dos d'un couteau.

Ébarber (couper) les nageoires en remontant de la queue vers la tête avec des ciseaux solides. Raccourcir la queue.

Inciser la peau noire au niveau de la queue et la pincer entre les doigts pour l'arracher entièrement, en protégeant les filets.

Retirer les branchies.

Enlever les viscères et la laitance en grattant délicatement l'intérieur de l'abdomen, de chaque côté, avec une cuillère à sorbet.

Rincer les soles sous un filet d'eau froide pour éliminer toutes les traces de sang.

2

LA CUISSON DES SOLES

5 MINUTES

+ CUISSON 10 MIN

Sécher les soles avec du papier absorbant et les assaisonner, puis les fariner et les tapoter pour enlever l'excédent de farine.

Faire chauffer deux grandes poêles, avec dans chacune 3 cl d'huile et 20 g de beurre.

Dès que le beurre ne mousse plus, déposer les soles dans les poêles, ventre vers le haut.

Les saisir sur feu vif, puis baisser l'intensité de la chaleur. Faire cuire en arrosant fréquemment de graisse de cuisson.

Quand les soles sont bien dorées, les retourner délicatement avec une spatule large. Finir de les cuire en les arrosant souvent.

CONSEIL MasterChef

ARROSER SOUVENT LES POISSONS DE LEUR GRAISSE DE CUISSON PERMET DE NOURRIR LA CHAIR ET DE GARDER UNE CROÛTE FINE, CROUSTILLANTE MAIS PAS SÈCHE.

Dresser les soles sur le plat de service.

3

LE BEURRE MEUNIÈRE

2 MINUTES

+ CUISSON 5 MIN

Dégraisser une des poêles. Si le fond présente des traces de brûlé, prendre une poêle ou une casserole propre.

Y faire chauffer 100 g de beurre jusqu'à ce qu'il prenne une jolie couleur dorée et sente bon la noisette.

CONSEIL MasterChef

CUIT AINSI, LE BEURRE PORTE LE NOM DE « BEURRE NOISETTE ». IL A UN GOÛT BIEN SPÉCIFIQUE ET UNE COULEUR AGRÉABLE. VEILLER À ARRÊTER LA CUISSON AVANT QU'IL NE NOIRCISSE.

4

LA FINITION

15 MINUTES

Laver et brosser 1 citron. Le canneler, puis le trancher et décorer le plat de service de fines tranches de citron cannelées.

CONSEIL MasterChef

CANNELER UN FRUIT OU UN LÉGUME, C'EST PRATIQUER DES ENTAILLES RÉGULIÈRES DANS SA PEAU.

LES FINES TRANCHES DE CITRON SONT DESTINÉES À ÊTRE POSÉES SUR LE POISSON, POUR CITRONNER LA CHAIR SANS L'ABÎMER.

Presser le second citron. Laver, éponger et hacher le persil. En parsemer les soles, puis les arroser de jus de citron.

CONSEIL MasterChef

LE PERSIL DOIT ÊTRE DÉPOSÉ TOUT AU LONG DE L'ARÊTE CENTRALE, ET LE JUS DE CITRON, VERSÉ SUR LE PERSIL.

Répartir le beurre noisette encore bien chaud sur les poissons.

CONSEIL MasterChef

IL EST IMPORTANT QUE LE BEURRE SOIT BIEN CHAUD, POUR PROVOQUER UN CHOC THERMIQUE AVEC LE JUS DE CITRON ET LE PERSIL.

Déposer éventuellement une tranche de citron pelé à vif et panée de persil haché sur la tête de chaque sole.

SOLES MEUNIÈRE

LES ATELIERS DE MasterChef

BOUILLABAISSE

PRÉPARATION	CUISSON	TOUT COMPRIS	NIVEAU	BUDGET
1 h 20	1 h 10	2 h 30	★★★	€€

INGRÉDIENTS	POUR 8 PERSONNES
RASCASSE	500 g
ROUGET GRONDIN	500 g
CONGRE	500 g
DORADE	500 g
MERLAN	500 g
OIGNONS	200 g
FENOUILS	200 g
BLANC DE POIREAU	100 g
TOMATES	400 g
HUILE D'OLIVE	3 cl + 8 cl + 4 cl + 25 cl
ÉTRILLES	500 g
BOUQUET GARNI	1
CONCENTRÉ DE TOMATES	1 c. à c.
BAGUETTE	1
AIL	1 tête + 8 gousses + 3 gousses
SEL	
MIE DE PAIN	25 g
SAFRAN	¼ de c. à c.
PIMENT ROUGE	¼ de c. à c.
JAUNE D'ŒUF	1

● **BOISSON** chablis // coteaux-d'aix-en-provence blanc

CHANGEMENT D'ASSOCIATIONS

CALDEIRADA

▶ Sans les tomates mais avec des poissons et des fruits de mer, c'est une soupe proche des *caldeiradas* portugaises.

BOURRIDE

▶ Utiliser exclusivement des poissons blancs et mélanger la rouille à la soupe obtenue... pour une bourride à la sétoise.

PETITS POISSONS
Préférer les petits poissons pour réaliser la bouillabaisse traditionnelle ; c'est plus d'arêtes, mais aussi plus de saveur !

FUMET À L'HUILE D'OLIVE Cette technique permet de réaliser des bases de sauce au poisson qui rappellent le soleil !

PAS DE FENOUIL ?
Ajouter une goutte de pastis à la réalisation : cela permet de remplacer le fenouil.

AVEC CETTE RECETTE

JE MAÎTRISE MAINTENANT

☐ LE FUMET DE POISSON
☐ LA ROUILLE
☐ LA SOUPE DE POISSONS

JE ME NOTE

...../20

POISSONNERIE

PRIMEUR

ÉPICERIE / CRÉMERIE / BOULANGERIE

1

PRÉPARER LES POISSONS

30 MINUTES

Vider, écailler, laver et étêter les poissons ; garder les têtes et les queues pour le fumet.

Couper les poissons en tronçons d'environ 4 cm et les limoner sous un filet d'eau froide jusqu'à ce qu'ils soient propres.

CONSEIL MasterChef

LIMONER DES TRONÇONS DE POISSON, C'EST LES METTRE DANS UN RÉCIPIENT ET FAIRE COULER DESSUS UN FILET D'EAU FROIDE EN CONTINU JUSQU'À CE QUE L'EAU SOIT PARFAITEMENT CLAIRE.

2

PRÉPARER LES LÉGUMES

15 MINUTES

Éplucher les légumes. Ciseler oignons et fenouils, émincer le poireau et couper les tomates en quartiers.

3

LE FUMET DE POISSON ET DE CRUSTACÉ

10 MINUTES

+ CUISSON 40 MIN

Faire chauffer doucement 3 cl d'huile d'olive dans une cocotte et y mettre à suer la moitié des oignons et le poireau.

Ajouter les têtes et les queues des poissons pour les raidir, puis ajouter les étrilles, coupées en gros morceaux.

Ajouter le bouquet garni et le concentré de tomates.

Mouiller d'eau à hauteur, porter à ébullition et laisser mijoter 30 minutes.

CONSEIL MasterChef

MOUILLER JUSTE À HAUTEUR, PAS PLUS, SOUS PEINE DE TROP DILUER LA SAVEUR ET D'OBTENIR UN BOUILLON FADE.

Mixer l'ensemble et le filtrer au chinois étamine, puis réserver le fumet.

PRÉCHAUFFER
LE GRIL DU FOUR

AVEC MON FOUR : TH. ________________

4

LES CROÛTONS AILLÉS

10 MINUTES

+ CUISSON 10 MIN

Trancher la baguette en croûtons et les arroser d'un filet d'huile d'olive.

Faire griller les croûtons de chaque côté dans une sauteuse.

Couper la tête d'ail en deux dans l'épaisseur et en frotter les croûtons.

5

CUIRE LA BOUILLABAISSE

5 MINUTES

+ CUISSON 20 MIN

Peler et écraser 8 gousses d'ail. Les faire revenir à l'huile d'olive dans une cocotte avec le fenouil et le reste d'oignon.

Mouiller avec le fumet, puis ajouter les quartiers de tomate et assaisonner.

Ajouter alors les tronçons de poisson, porter à ébullition et laisser frémir 10 à 15 minutes.

6

LA ROUILLE

10 MINUTES

Mouiller la mie de pain avec du bouillon de cuisson. La presser, puis la piler avec le piment, le safran et 3 gousses d'ail hachées.

CONSEIL MasterChef

CETTE BASE APPORTE TOUT SON CARACTÈRE À LA ROUILLE ; CHACUN DOSERA LES ÉPICES EN FONCTION DE SON GOÛT...

Ajouter 1 jaune d'œuf et émulsionner progressivement avec de l'huile d'olive versée en filet.

CONSEIL MasterChef

SI LA SAUCE VIRE, AJOUTER UN PEU D'EAU BIEN FROIDE ET LA REMONTER EN L'ÉMULSIONNANT.

BOUILLABAISSE

LES ATELIERS DE MasterChef

FRICASSÉE DE LAPIN
CHASSEUR, POMMES DAUPHINE

45 min PRÉPARATION + 2 h CUISSON = 2 h 45 TOUT COMPRIS

★★★ NIVEAU

€€ BUDGET

INGRÉDIENTS	POUR 8 PERSONNES
CHAMPIGNONS DE PARIS	250 g
BEURRE	30 g + 70 g + 75 g
ÉCHALOTES	300 g
AIL	2 gousses
LAPIN (RÂBLE ET/OU CUISSES)	8 beaux morceaux
FARINE	120 g + 150 g
VIN BLANC	20 cl
BOUILLON DE VOLAILLE	1,5 l
SEL FIN	
POIVRE BLANC	
BOUQUET GARNI	1
CRÈME LIQUIDE	300 g
PERSIL HACHÉ	1 c. à s.
EAU	25 cl
ŒUFS	5
PURÉE DE POMMES DE TERRE	1 kg
NOIX DE MUSCADE	
HUILE DE FRITURE	

● **BOISSON** côtes-du-roussillon rouge // beaujolais village

CHANGEMENT D'ASSOCIATIONS

CHAMPIGNONS DES BOIS

▶ Utiliser des champignons des bois apportera plus de saveur au plat.

TOUCHE EXOTIQUE

▶ Ajouter du saté et des cacahuètes grillées à la fricassée.

ATTENTION AUX OS ! Il faut découper le lapin avec un couteau lourd et tranchant pour éviter les esquilles d'os mal coupés.

LE LAPIN EST UNE VOLAILLE !
Utiliser cette recette pour toutes les fricassées de volaille à chair blanche (poulet, dinde, poule, jeune coq, poularde et chapon).

PAS DE BOUILLON DE VOLAILLE ?
Le remplacer par 3 cubes de bouillon dilués dans de l'eau chaude ou par du bouillon de légumes (champignons, carottes et poireaux).

AVEC CETTE RECETTE

JE MAÎTRISE MAINTENANT

- ☐ LA CUISSON EN FRICASSÉE
- ☐ LA PÂTE À POMMES DAUPHINE
- ☐ LA FRITURE

JE ME NOTE ...../20

BOUCHERIE

PRIMEUR / CRÉMERIE

ÉPICERIE

1

LA FRICASSÉE

25 MINUTES

+ CUISSON 1 H 40

PRÉCHAUFFER LE FOUR
À 180 °C (TH. 6).

AVEC MON FOUR : TH. ____________

Rincer rapidement les champignons de Paris. Les émincer, les faire sauter dans 30 g de beurre et réserver.

Peler et ciseler les échalotes. Écraser les gousses d'ail du plat de la lame d'un couteau.

Faire fondre 70 g de beurre dans une marmite. Y raidir les morceaux de lapin de tous côtés, sans les laisser colorer.

Sortir le lapin et le réserver. Mettre les échalotes ciselées dans la cocotte et les faire suer sur feu doux.

Ajouter 120 g de farine, mélanger et laisser cuire doucement 1 à 2 minutes en remuant, puis ajouter les morceaux de lapin réservés.

Déglacer au vin blanc et laisser réduire, puis mouiller de bouillon de volaille à hauteur et assaisonner.

Ajouter le bouquet garni et l'ail. Porter à ébullition, puis couvrir, enfourner et laisser cuire pendant environ 1 h 15.

Vérifier la cuisson du lapin : si la pointe d'un couteau pénètre facilement dans la chair d'une cuisse, le lapin est cuit.

Prélever les morceaux de lapin et les réserver au chaud.

Filtrer la sauce au chinois, sans fouler les éléments solides pour qu'elle reste limpide.

Verser la sauce dans une petite casserole et la porter à ébullition, puis vérifier la texture et ajouter la crème.

Remettre les morceaux de lapin dans la cocotte et ajouter les champignons. Au moment de servir, parsemer de persil haché.

2

L'APPAREIL À POMMES DAUPHINE

15 MINUTES

+ CUISSON 5 MIN

Peser et préparer tous les ingrédients de la pâte : 25 cl d'eau, 5 g de sel, 75 g de beurre, 150 g de farine et 5 œufs.

Détailler le beurre en parcelles, les mettre dans une casserole avec l'eau et le sel, puis porter à ébullition.

Retirer du feu et ajouter toute la farine d'un coup dans le liquide bouillant.

Mélanger cette panade à l'aide d'une spatule plate jusqu'à obtention d'une boule de pâte homogène.

Faire dessécher un peu la panade sur feu doux jusqu'à ce qu'elle soit lisse, puis la débarrasser dans le bol d'un robot.

Ajouter 4 œufs, l'un après l'autre, en veillant à ce que chaque œuf soit bien incorporé à la pâte avant d'ajouter le suivant.

Battre le dernier œuf dans un ramequin et en incorporer juste ce qu'il faut pour obtenir une pâte souple formant un bec.

Mélanger la pâte à choux et la purée de pommes de terre. Vérifier l'assaisonnement et le rectifier si nécessaire.

3

LES POMMES DAUPHINE

5 MINUTES

+ CUISSON 15 MIN

Préchauffer la friteuse à 160 °C. Façonner des bouchons de pâte à la poche à douille directement au-dessus du bain de friture.

Procéder par petites quantités pour éviter de refroidir le bain de friture, et laisser les pommes gonfler pendant environ 5 minutes.

Sortir les pommes Dauphine en les égouttant, puis les éponger sur du papier absorbant. Saler juste avant de déguster.

LES ATELIERS MasterChef

FRICASSÉE DE LAPIN CHASSEUR, POMMES DAUPHINE

LES ATELIERS DE MasterChef

PAUPIETTES DE VEAU
ET GRATIN DAUPHINOIS

1 h 5 PRÉPARATION + 2 h 20 CUISSON = 3 h 25 TOUT COMPRIS

NIVEAU ★★★

BUDGET €€€

INGRÉDIENTS	POUR 8 PERSONNES
POMMES DE TERRE	2 kg
AIL	1 gousse + 6 gousses + 2 gousses
BEURRE	100 g + 20 g
LAIT ENTIER	60 cl
CRÈME LIQUIDE ENTIÈRE	60 cl
SEL	10 g
POIVRE BLANC	1 g
NOIX DE MUSCADE	
ÉCHALOTES	50 g
PERSIL	5 brins
VIANDE DE VEAU	250 g
LARD GRAS FRAIS	250 g
ŒUF	1
COGNAC	2 cl
ESCALOPES DE VEAU	8
BARDE DE LARD	250 g
CAROTTES	150 g
OIGNONS	150 g
HUILE	5 cl
VIN BLANC	10 cl
JUS DE VEAU LIÉ	40 cl
BOUQUET GARNI	1

● **BOISSON** pomerol // graves rouge

UN PARFUM DE SOUS-BOIS ? Ajouter des champignons en duxelles (voir p. 221) dans la farce.

AVEC DE LA TOMATE ! Cuites dans une bonne sauce tomate, les paupiettes sont délicieuses.

PAS DE VEAU ?
Cette recette peut être réalisée avec de la volaille.

CHANGEMENT D'ASSOCIATIONS

TOUCHE ITALIENNE
▶ Pancetta et poivron vert dans la farce donnent un côté « Italie » très agréable.

NOTE SAVOYARDE
▶ Le gratin devient savoyard lorsqu'on lui ajoute du fromage.

AVEC CETTE RECETTE

JE MAÎTRISE MAINTENANT

- ☐ LES PAUPIETTES
- ☐ LE VRAI GRATIN DAUPHINOIS

JE ME NOTE

...../20

BOUCHERIE

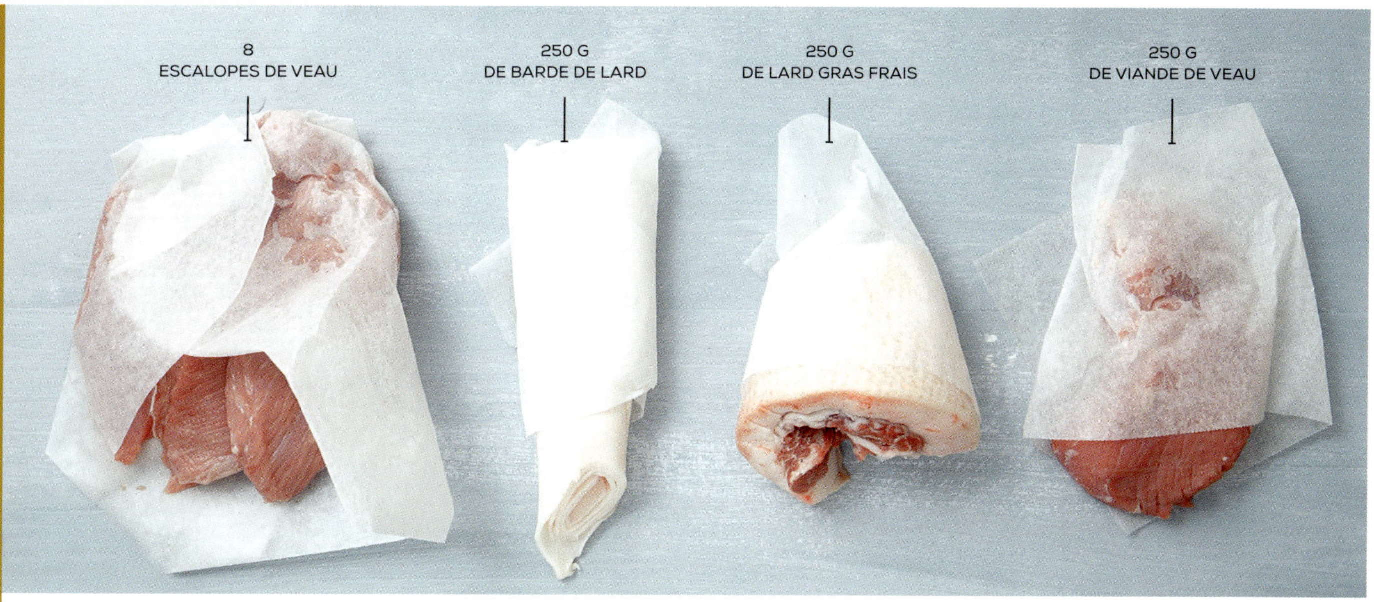

PRIMEUR

ÉPICERIE / CRÉMERIE

1

LE GRATIN DAUPHINOIS

20 MINUTES

+ CUISSON 1 H 30

PRÉCHAUFFER LE FOUR À 150 °C (TH. 5).

AVEC MON FOUR : TH. ______

Éplucher les pommes de terre. Peler 2 gousses d'ail, en couper une en deux et s'en servir pour frotter un plat à gratin.

Badigeonner généreusement le plat à gratin de beurre ramolli à l'aide d'un pinceau.

Hacher les gousses d'ail. Mélanger le lait et la crème. Assaisonner de sel, de poivre, de noix de muscade et d'ail haché.

Tailler les pommes de terre en lamelles de 2 à 3 mm d'épaisseur

Ranger soigneusement une couche pommes de terre dans le fond du plat et la recouvrir d'un peu du mélange de lait et de crème.

Procéder en plusieurs couches, jusqu'à épuisement des denrées. Le lait et la crème doivent juste recouvrir les pommes de terre.

CONSEIL MasterChef

LE GRATIN SE FAIT PAR L'ACTION DE LA CHALEUR SUR LE MÉLANGE DE LAIT, DE CRÈME ET DE LA FÉCULE DE LA POMME DE TERRE.

Enfourner et laisser cuire 1 h 30. Vérifier la cuisson du gratin avec la pointe d'un couteau : elle doit s'enfoncer sans peine.

2

LA FARCE

10 MINUTES

+ CUISSON 5 MIN

Peler et ciseler finement les échalotes et 1 gousse d'ail. Les faire suer dans 20 g de beurre sur feu doux, puis réserver.

Hacher le persil, le veau et le lard. Mélanger et ajouter l'œuf battu, l'échalote, l'ail, le cognac, 10 g de sel et 1 g de poivre.

3

LES PAUPIETTES

35 MINUTES

+ CUISSON 45 MIN

Disposer une escalope de veau entre deux feuilles de film plastique et la battre. Aplatir les autres escalopes de la même façon.

CONSEIL MasterChef

BATTRE LES ESCALOPES
A POUR BUT D'APLATIR LES ZONES ÉPAISSES AFIN DE DONNER AUX TRANCHES DE VEAU LA MÊME ÉPAISSEUR PARTOUT, CE QUI PERMET DE LEUR ASSURER UNE CUISSON RÉGULIÈRE.

Tailler la barde en bandelettes d'environ 2 cm de largeur.

Assaisonner les escalopes et répartir la farce dessus.

Replier les escalopes en forme de bouchon, puis entourer les paupiettes obtenues de deux bardes de lard et les ficeler fermement.

PRÉCHAUFFER LE FOUR À 180 °C (TH. 6).

AVEC MON FOUR : TH. ______

Laver, éplucher et tailler finement les carottes et les oignons pour la garniture aromatique.

Faire rissoler les paupiettes des deux côtés avec 5 cl d'huile dans une sauteuse.

Dégraisser la cocotte et y faire suer la garniture aromatique. Déglacer au vin blanc, puis laisser réduire de moitié.

Mouiller à mi-hauteur de jus de veau lié. Ajouter le bouquet garni et 6 gousses d'ail écrasées, puis porter à ébullition.

Couvrir et enfourner pour 45 minutes. Arroser souvent et retourner à mi-cuisson. Décanter les paupiettes et réserver au four.

Filtrer la sauce au chinois sans fouler, puis la faire réduire jusqu'à ce que sa consistance soit légèrement sirupeuse.

Napper les paupiettes de sauce, en renouvelant l'opération plusieurs fois de façon à les enrober uniformément.

LES ATELIERS MasterChef

PAUPIETTES DE VEAU ET GRATIN DAUPHINOIS

LES ATELIERS DE MasterChef

CANARD
À L'ORANGE, RAGOÛT DE LÉGUMES D'HIVER

PRÉPARATION 1 h 10 + CUISSON 2 h 25 = TOUT COMPRIS 3 h 35

NIVEAU ★★★

BUDGET €€

INGRÉDIENTS	POUR 8 PERSONNES
CANARDS D'ENVIRON 2 KG	2
SEL	
POIVRE	
CAROTTES	150 g + 600 g
OIGNONS	150 g
AIL	4 gousses + 8 gousses
BEURRE	30 g
HUILE	5 cl
BOUQUETS GARNIS	1 + 1
ORANGES	8
SUCRE	50 g
VINAIGRE DE VIN	5 cl
LIQUEUR À BASE D'ORANGE	8 cl
JUS DE VEAU LIÉ	1 l
NAVETS	600 g
PANAIS	600 g
OIGNONS SAUCIERS	250 g
CÉLERI-RAVE	600 g
GRAISSE DE CANARD	50 g
BOUILLON DE VOLAILLE	50 cl

● **BOISSON** côtes-de-beaune // côtes-de-nuits

CHANGEMENT D'ASSOCIATIONS

TOUCHE D'ORIENT

▶ Ajouter du citron confit apportera une note orientale à cette recette.

AUTRE GARNITURE

▶ Servir le canard avec des pommes gaufrettes croustillantes (voir p. 221).

AVEC CETTE RECETTE

JE SAIS MAINTENANT

- ☐ CONFECTIONNER UNE SAUCE AUX FRUITS
- ☐ POÊLER UNE VIANDE

JE ME NOTE

...... /20

BIGARADES ! Les bigarades sont des petites oranges amères très goûteuses, idéales pour cette recette.

AVEC DES ZESTES... Râper un peu de zeste de citron vert au-dessus des légumes leur apportera une très agréable touche de fraîcheur.

PAS D'OIGNONS SAUCIERS ?

Prendre des petits oignons blancs surgelés, les décongeler et ôter la première peau.

BOUCHERIE

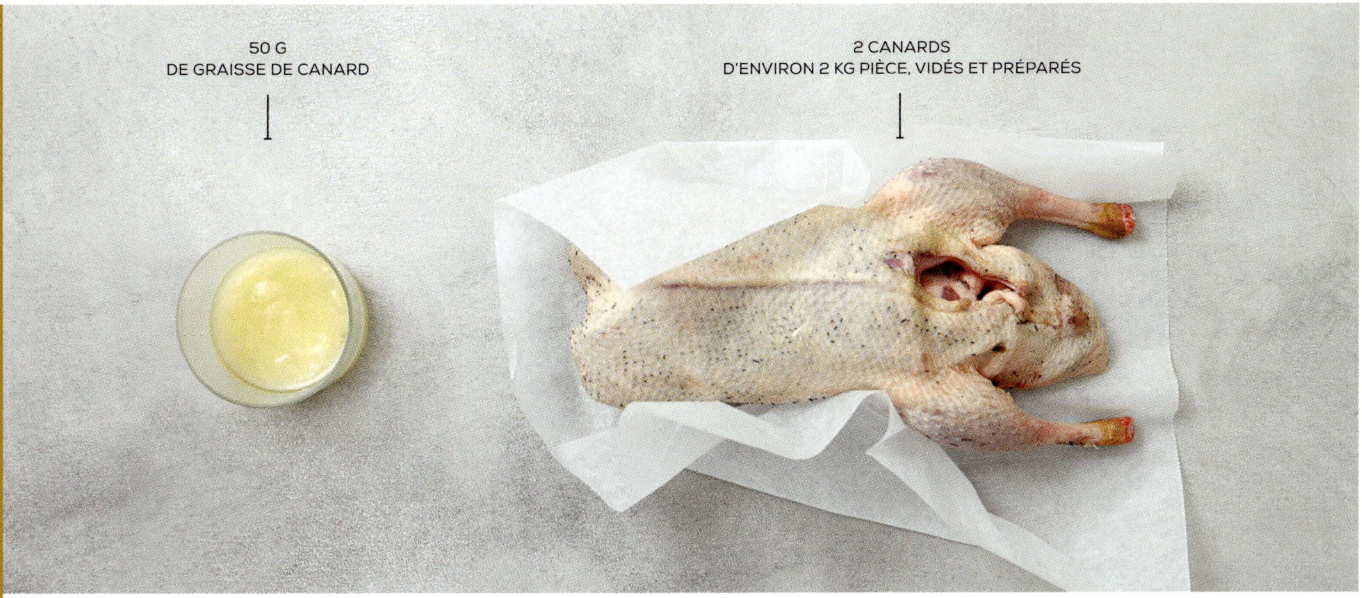

PRIMEUR

ÉPICERIE

1

POÊLER LES CANARDS

20 MINUTES

+ CUISSON 1 H 10

Assaisonner l'intérieur des canards et replier le croupion à l'intérieur de chacun d'eux, puis brider l'avant et l'arrière.

PRÉCHAUFFER LE FOUR À 200 °C (TH. 6-7).

AVEC MON FOUR : TH. ______

Laver, éplucher et tailler en cubes 150 g de carottes et 150 g d'oignons. Écraser 4 gousses d'ail.

Assaisonner les canards sur toute leur surface. Faire chauffer sur feu doux l'huile et le beurre dans une cocotte de taille appropriée.

Mettre les canards dans la cocotte et les faire colorer progressivement en les retournant sur toutes leurs faces.

Ajouter la garniture aromatique et poser les canards dessus, sur le dos. Couvrir, enfourner et faire cuire 1 heure. Arroser souvent.

Retirer le couvercle 10 minutes avant la fin de la cuisson pour parfaire la coloration.

Sortir les canards de la cocotte et les réserver sur un plat au chaud.

2

LA GASTRIQUE

15 MINUTES

+ CUISSON 10 MIN

Laver les oranges. Prélever le zeste de 2 oranges, le tailler en julienne et le blanchir trois fois, avec un départ à l'eau froide.

Peler à vif toutes les oranges et prélever les segments. Presser les membranes pour récupérer du jus. Conserver au frais.

Cuire le sucre jusqu'à obtenir un caramel très brun. Décuire au vinaigre, puis ajouter la liqueur à l'orange pour terminer la gastrique.

CONSEIL MasterChef

DÉCUIRE, C'EST REDONNER UNE CONSISTANCE SOUPLE À UN SUCRE CUIT EN LUI INCORPORANT DE L'EAU OU UN AUTRE LIQUIDE.

UNE GASTRIQUE EST UNE BASE DE SAUCE CONTENANT UN ACIDE ET DU SUCRE CUIT PRESQUE À RÉDUCTION.

3

LE FOND DE POÊLAGE ET LA SAUCE

5 MINUTES

+ CUISSON 20 MIN

Porter la cocotte sur feu vif pour pincer les sucs de cuisson. Déglacer au jus d'orange en grattant, puis laisser réduire de moitié.

Mouiller avec le jus de veau et laisser mijoter quelques minutes. Filtrer le fond de poêlage au chinois sans fouler, et dégraisser.

Terminer en ajoutant peu à peu de la gastrique, jusqu'à obtenir une sauce équilibrée : ni trop acide, ni trop sucrée, ni trop salée.

Prélever 20 cl de fond de poêlage, ajouter les zestes d'orange blanchis et réserver. Le reste servira à glacer les canards.

4

GLACER ET DRESSER LES CANARDS

10 MINUTES

+ CUISSON 15 MIN

Débrider les canards et les poser sur une grille, à l'entrée du four très chaud. Les napper de fond de poêlage et laisser croûter.

Renouveler l'opération jusqu'à ce que les canards soient entièrement et uniformément recouverts d'une épaisse couche de sauce.

Disposer les canards dans le plat de service et les décorer de segments d'orange chauds.

5

LE RAGOÛT DE LÉGUMES D'HIVER

20 MINUTES

+ CUISSON 30 MIN

Laver, éplucher et tailler ou tourner tous les légumes : carottes, navets, panais, oignons sauciers et céleri-rave.

Faire revenir les légumes dans la graisse de canard, puis mouiller avec le bouillon et ajouter l'ail écrasé et un bouquet garni.

Faire mijoter à feu doux. Quand les légumes sont tendres, saler, ajouter du fond de poêlage et prolonger un peu la cuisson.

LES ATELIERS MasterChef

CANARD À L'ORANGE, RAGOÛT DE LÉGUMES D'HIVER

LES ATELIERS DE MasterChef

TARTE AUX POMMES
SUR COMPOTE

55 min + 1 h + 3 h 50 = 5 h 45

PRÉPARATION — CUISSON — ATTENTE — TOUT COMPRIS — NIVEAU ★ — BUDGET €

INGRÉDIENTS	POUR 8 PERSONNES
BEURRE	150 g + 50 g + 20 g
ŒUF	1
SUCRE SEMOULE	100 g + 100 g + 25 g
SEL	5 g
VANILLE	½ gousse
FARINE	250 g + 25 g
POMMES GOLDEN	1 kg
CITRON	1
CANNELLE EN POUDRE	1 pincée
NAPPAGE BLOND (OU GELÉE D'ABRICOT)	200 g
EAU	40 g

● **BOISSON** cidre // jurançon moelleux

CHANGEMENT D'ASSOCIATIONS

PLUS AUTOMNAL
▶ Ajouter des noix dans la tarte apporte un croquant très agréable.

AUTRE FOND
▶ La pâte brisée convient très bien aussi pour la tarte aux pommes.

1 H AVANT
1
SORTIR 150 G DE BEURRE DU FROID pour l'amener à température ambiante.

PAS DE GOLDEN ?
Utiliser une variété de pommes à cuire, comme la reinette, idéale pour les tartes.

AVEC CETTE RECETTE

JE MAÎTRISE MAINTENANT

- ☐ LA PÂTE SUCRÉE
- ☐ LA COMPOTE
- ☐ LE MONTAGE ET LA CUISSON D'UNE TARTE

COMPOTE ÉPICÉE
Le poivre noir, la cannelle, la vanille et la badiane se marient très bien avec la compote de pommes.

D'AUTRES FRUITS... La même tarte avec des poires est aussi facile à réaliser.

RUSTIQUE
Remplacer les tranches bien rangées par des petits morceaux répartis sur toute la surface.

JE ME NOTE

...../20

PRIMEUR

CRÉMERIE

ÉPICERIE

1

LA PÂTE SUCRÉE

10 MINUTES

+ ATTENTE 3 H

Travailler 150 g de beurre à température ambiante à l'aide d'une petite spatule jusqu'à ce qu'il ait la consistance d'une pommade.

Ajouter l'œuf, 100 g de sucre, le sel et les graines de la vanille. Mélanger jusqu'à obtenir une pâte onctueuse.

Ajouter la farine et pétrir rapidement. Façonner la pâte en boule, la filmer et la laisser raffermir au frais pendant 3 heures.

2

LA COMPOTE DE POMMES

10 MINUTES

+ CUISSON 30 MIN + ATTENTE 15 MIN

Presser le citron.

Laver les pommes, les éplucher, les citronner légèrement et les tailler en gros morceaux, puis les mettre dans une casserole.

Ajouter 50 g de beurre, 100 g de sucre, un peu d'eau et la cannelle. Couvrir et laisser cuire 30 minutes à feu doux.

Vérifier la consistance de la compote et la laisser refroidir complètement.

3

FONCER UN CERCLE À PÂTISSERIE

10 MINUTES

+ ATTENTE 5 MIN

À l'aide d'un pinceau, beurrer grassement un cercle à tarte.

Poser la pâte sur le plan de travail fariné et l'abaisser au rouleau à pâtisserie en un disque de 2,5 mm d'épaisseur.

Piquer la pâte avec une fourchette. Poser le cercle sur une plaque tapissée de papier cuisson et le foncer avec la pâte.

Couper l'excédent de pâte à l'aide du rouleau, puis façonner un petit bourrelet intérieur sur tout le pourtour.

Décorer le bourrelet de pâte à l'aide d'une pince à chiqueter ou du dos d'un couteau.

Laisser reposer quelques minutes au frais.

4

ASSEMBLER LA TARTE AUX POMMES

15 MINUTES

Laver les pommes, les peler, les évider et les citronner.

Les couper en deux, puis les détailler en fines tranches d'environ 2 mm d'épaisseur.

Garnir le fond de pâte de compote de pommes jusqu'aux deux tiers de la hauteur.

Ranger les lamelles de pomme en rosace sur la compote, du bord vers l'intérieur, en les faisant se chevaucher régulièrement.

5

LA TARTE

10 MINUTES

+ CUISSON 30 MIN + ATTENTE 30 MIN

PRÉCHAUFFER LE FOUR À 210 °C (TH. 7).

AVEC MON FOUR : TH. ____________

Saupoudrer les pommes de sucre. Enfourner et baisser aussitôt la température à 180 °C (th. 6). Laisser cuire environ 20 minutes.

Retirer le cercle et cuire encore 10 minutes. Vérifier la cuisson du fond, puis laisser la tarte refroidir sur une grille.

Faire chauffer doucement le nappage blond détendu avec l'eau et remuer pour le lisser.

Badigeonner délicatement de ce mélange toute la surface de la tarte à l'aide d'un pinceau.

LES ATELIERS MasterChef

TARTE AUX POMMES SUR COMPOTE

LES ATELIERS DE MasterChef

RIZ AU LAIT

PRÉPARATION	CUISSON	ATTENTE	TOUT COMPRIS	NIVEAU	BUDGET
20 min	35 min	1 h	1 h 55	★	€

INGRÉDIENTS	POUR 8 PERSONNES
RIZ ROND	175 g
LAIT	1 l
SUCRE	100 g + 50 g
VANILLE	1 gousse
JAUNES D'ŒUF	4
BEURRE	25 g

● **BOISSON** jurançon // loupiac

1 H AVANT

PRÉVOIR 1 H DE REFROIDISSEMENT avant de déguster le riz au lait.

PAS DE GOUSSE DE VANILLE ?
La remplacer par de la vanille liquide ou remplacer une partie du sucre par du sucre vanillé.

PLUS ONCTUEUX
Ajouter à la fin 100 g de crème fouettée, délicatement, pour ne pas la faire retomber.

EN TRANCHES
Ajouter un peu de gélatine dans le riz pour le solidifier, et pouvoir ensuite le trancher.

PAS DE PRODUITS LAITIERS ?
Utiliser du lait de soja ou du lait d'amande pour cuire le riz.

UNE QUESTION D'ÉQUILIBRE Servir le riz avec un coulis de framboises, dont l'acidité contrebalancera parfaitement le côté onctueux et rond de ce dessert.

CHANGEMENT D'ASSOCIATIONS

PLUS ACIDULÉ
▶ Remplacer la moitié du lait par du jus de fruits de la Passion donne une petite acidité très agréable et une belle couleur au riz.

PLUS SUCRÉ
▶ Cuire le sucre jusqu'à l'amener à l'état de caramel, pour un délicieux riz au lait caramélisé.

AVEC CETTE RECETTE

JE MAÎTRISE MAINTENANT

☐ LA CUISSON DU RIZ AU LAIT
☐ LA LIAISON DU RIZ

JE ME NOTE

...../20

CRÉMERIE

ÉPICERIE

1

CREVER LE RIZ

5 MINUTES

+ CUISSON 3 MIN

Choisir un récipient pouvant aller sur le feu et au four.

CONSEIL MasterChef

LE RÉCIPIENT DE CUISSON DOIT ÊTRE ASSEZ GRAND POUR QUE L'ÉPAISSEUR DE RIZ NE DÉPASSE PAS 3 CM, AFIN DE FACILITER LA CUISSON.

Laver soigneusement le riz à l'eau froide.

CONSEIL MasterChef

LE RIZ ROND EST ADAPTÉ À CETTE RECETTE CAR IL EST TRÈS RICHE EN AMIDON, QUI VA ASSURER LA TEXTURE ONCTUEUSE DE CE DESSERT.

Le transférer dans le récipient de cuisson choisi, le couvrir d'eau froide et porter à ébullition.

Maintenir l'ébullition pendant 1 minute afin de crever les grains de riz.

CONSEIL MasterChef

CREVER LE RIZ PERMET DE FENDRE LA CARAPACE D'AMIDON SEC AUTOUR DES GRAINS POUR FAVORISER LEUR CUISSON.

Égoutter le riz à l'aide d'une passoire pour éliminer l'eau restante.

2

CUIRE LE RIZ AU LAIT

5 MINUTES

+ CUISSON 30 MIN

PRÉCHAUFFER LE FOUR À 160 °C (TH. 5-6).

AVEC MON FOUR : TH. ____________

Verser le lait dans le récipient de cuisson, ajouter 100 g de sucre et porter à ébullition.

Fendre la gousse de vanille en deux dans la longueur et gratter l'intérieur avec le dos d'un couteau pour récupérer les gaines.

Ajouter le riz et les graines de vanille dans le lait. Mélanger sans arrêt, avec délicatesse, jusqu'à la reprise de l'ébullition.

CONSEIL MasterChef

IL FAUT ÉVITER DE MÉLANGER TROP VIGOUREUSEMENT POUR NE PAS CASSER LES GRAINS DE RIZ, CAR CELA LIBÉRERAIT TROP D'AMIDON ET DONNERAIT UN DESSERT PÂTEUX.

CONSEIL MasterChef

COUVRIR LE RÉCIPIENT DE FAÇON ASSEZ ÉTANCHE (AVEC UN COUVERCLE OU DU PAPIER D'ALUMINIUM) PERMET DE CONSERVER LA BONNE QUANTITÉ DE LIQUIDE, POUR OBTENIR UN RIZ PARFAITEMENT CUIT ET PAS TROP PÂTEUX.

Couvrir le récipient, enfourner et laisser cuire pendant 20 à 30 minutes.

Contrôler la texture du riz avant de le sortir du four : il doit être cuit, souple et légèrement épais, avec un peu de lait restant.

3

LIER LE RIZ

10 MINUTES

+ CUISSON 2 MIN | + ATTENTE 1 H

Juste avant la fin de la cuisson du riz, verser 50 g de sucre dans un saladier et ajouter les jaunes d'œuf.

Fouetter les jaunes et le sucre jusqu'à ce que le mélange blanchisse et devienne mousseux.

CONSEIL MasterChef

PRÉVOIR UN RÉCIPIENT ASSEZ GRAND POUR BATTRE LES JAUNES AVEC LE SUCRE, CAR LE MÉLANGE VA AUGMENTER DE VOLUME.

BLANCHIR LES JAUNES D'ŒUF AVEC LE SUCRE PERMET DE DISSOUDRE CE DERNIER ET DE RENDRE LE MÉLANGE PLUS LÉGER.

Ajouter le beurre dans le riz moelleux dès la sortie du four, et mélanger délicatement à l'aide d'une spatule.

CONSEIL MasterChef

L'AJOUT DE BEURRE PERMET DE STOPPER LA CUISSON ET D'EMPÊCHER LE RIZ DE S'AMALGAMER EN PÂTE.

Incorporer la liaison œuf-sucre, puis porter sur feu doux et laisser cuire 2 minutes tout en remuant délicatement.

CONSEIL MasterChef

CETTE DERNIÈRE CUISSON PERMET AUX JAUNES DE CUIRE ET À LA LIAISON D'ÉPAISSIR, À LA FAÇON D'UNE CRÈME ANGLAISE.

Dresser dans le plat de service et laisser refroidir 1 heure avant de déguster.

RIZ AU LAIT

LES ATELIERS DE MasterChef

MINIBABAS
CHANTILLY

1 h PRÉPARATION + 30 min CUISSON + 1 h 30 ATTENTE = 3 h TOUT COMPRIS

★ NIVEAU

€ BUDGET

INGRÉDIENTS	POUR 8 PERSONNES
LEVURE DE BIÈRE	15 g
EAU	5 cl + 1 l
ŒUFS	3
SEL FIN	5 g
SUCRE SEMOULE	15 g + 500 g + 50 g
FARINE	250 g
BEURRE EN POMMADE	100 g + 50 g
ORANGE NON TRAITÉE (OU AUTRE AGRUME)	1
VANILLE	1 gousse + 1 gousse
RHUM	15 cl
NAPPAGE BLOND	250 g
CRÈME LIQUIDE BIEN FROIDE	50 cl

● **BOISSON** monbazillac / sainte-croix-du-mont

CHANGEMENT D'ASSOCIATIONS

À LA PÂTISSIÈRE

▶ Remplacer la chantilly par une crème pâtissière bien vanillée (voir p. 222).

ESTIVAL

▶ Ajouter des fruits frais taillés en morceaux pour faire de ces babas un dessert estival.

1

1 H AVANT

METTRE AU CONGÉLATEUR LES FOUETS DU BATTEUR ET LE SALADIER dans lequel la crème sera montée en chantilly.

PAS DE NAPPAGE BLOND ?

Utiliser de la gelée d'abricot légèrement diluée dans un peu d'eau.

AUX AGRUMES Remplacer le rhum par du limoncello et ajouter des zestes d'orange confits dans la pâte.

BABA D'ORIGINE Dans la recette originale du baba, la pâte comprend des raisins secs macérés dans du rhum.

BONNE TENUE

Ajouter un peu de mascarpone à la crème avant de la fouetter pour une meilleure tenue.

AVEC CETTE RECETTE

JE MAÎTRISE MAINTENANT

- ☐ LA PÂTE À SAVARIN
- ☐ LE SIROP POUR TREMPER
- ☐ LA CRÈME CHANTILLY

JE ME NOTE

...... /20

CRÉMERIE

ÉPICERIE

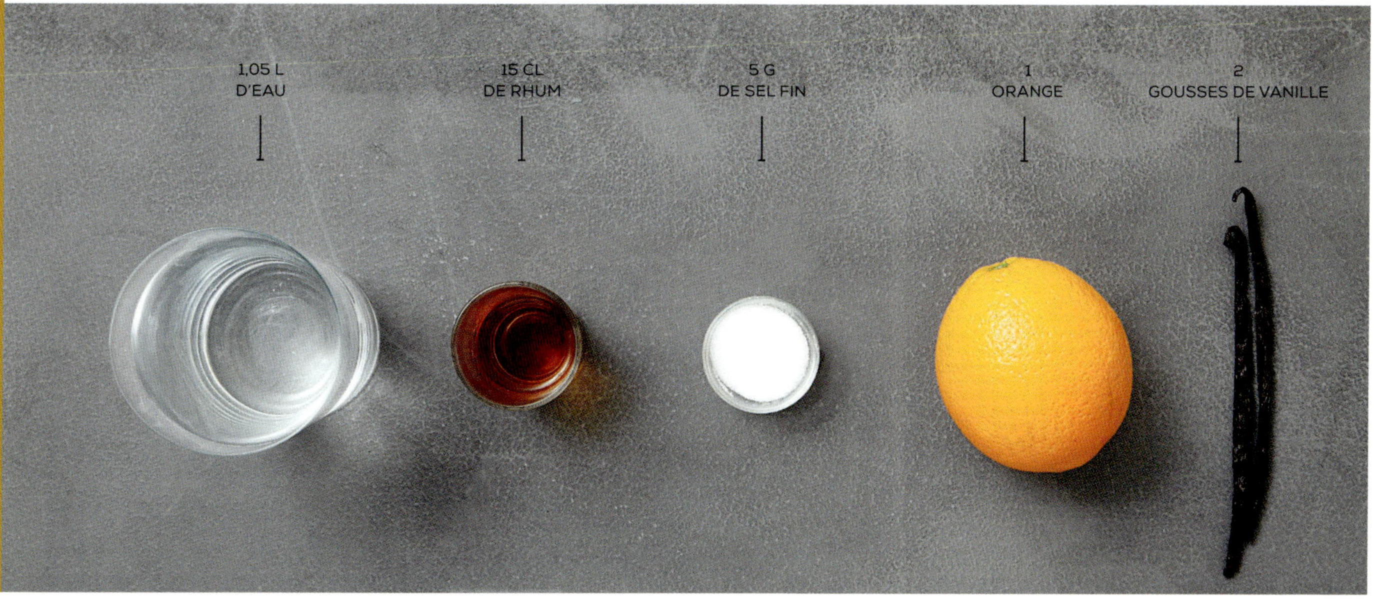

1

LA PÂTE À SAVARIN

10 MINUTES

+ ATTENTE 30 MIN

Délayer la levure dans 5 cl d'eau tiède.

Battre légèrement les œufs avec le sel et 15 g de sucre dans la cuve du batteur.

Ajouter la farine et la levure, puis pétrir au crochet à vitesse moyenne quelques minutes afin d'obtenir une pâte assez corsée.

Terminer le pétrissage à vitesse rapide pour donner un maximum de corps à la pâte.

Incorporer délicatement 100 g de beurre en pommade, puis racler le bord de la cuve pour éviter que de la pâte n'y sèche.

Couvrir la pâte d'un linge propre et laisser reposer à environ 30 °C pendant 30 minutes.

2

LE SIROP DE TREMPAGE

5 MINUTES

+ CUISSON 10 MIN

Brosser l'orange sous l'eau courante. Prélever quelques rubans de zeste à l'aide d'un économe et les mettre dans une casserole.

Ajouter 1 litre d'eau, 500 g de sucre et les graines d'une gousse de vanille. Porter à frémissement et laisser infuser hors du feu.

3

MOULER LA PÂTE

10 MINUTES

+ ATTENTE 30MIN

Badigeonner généreusement le fond et le bord des moules de beurre en pommade à l'aide d'un pinceau.

Écraser la pâte avec la paume de la main pour chasser les gaz de fermentation.

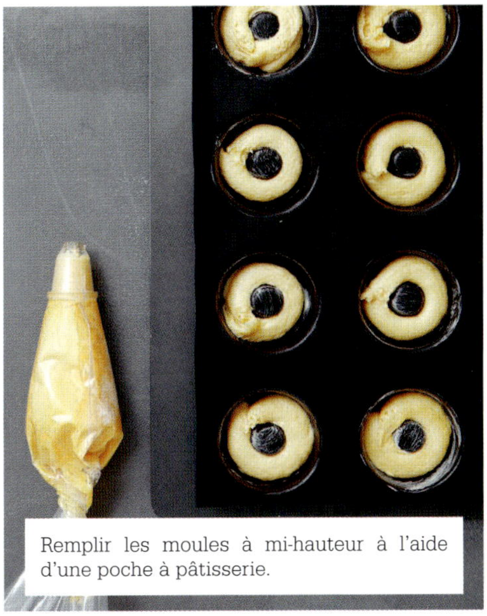

Remplir les moules à mi-hauteur à l'aide d'une poche à pâtisserie.

Laisser pousser la pâte à nouveau, jusqu'à ce qu'elle affleure le bord des moules.

4

LES BABAS

15 MINUTES

+ CUISSON 15 À 20 MIN   + ATTENTE 30 MIN

PRÉCHAUFFER LE FOUR À 180 °C (TH. 6).

AVEC MON FOUR : TH. ______

Enfourner les babas et les laisser cuire 15 à 20 minutes, selon la taille des moules.

Vérifier la cuisson en piquant une pointe dans les babas : elle doit ressortir sèche. Démouler et laisser refroidir sur une grille.

Faire chauffer le sirop à 60 °C, puis ajouter le rhum.

Tremper les babas dans le sirop chaud. Les poser sur une grille pour les laisser égoutter et refroidir.

Mettre au point le nappage en suivant le mode d'emploi et en badigeonner chaque baba à l'aide d'un pinceau. Réserver au frais.

5

LA CHANTILLY ET LA FINITION

20 MINUTES

Fendre une gousse de vanille en deux dans la longueur et gratter l'intérieur pour récupérer les graines.

Fouetter la crème liquide avec 50 g de sucre et les graines de vanille jusqu'à ce qu'elle soit mousseuse et ferme.

Garnir de crème une poche à pâtisserie munie d'une grosse douille cannelée.

Dresser une rosace de chantilly au centre de chaque baba et la décorer de zestes confits finement émincés .

MINIBABAS CHANTILLY

LES ATELIERS DE MasterChef

PROFITEROLES

45 min PRÉPARATION + 30 min CUISSON + 1 h ATTENTE + 15 min CONGÉLATION = 2 h 30 TOUT COMPRIS

NIVEAU ★★ — BUDGET €

INGRÉDIENTS	POUR 8 PERSONNES
VANILLE	4 gousses
LAIT ENTIER	2 l
SUCRE SEMOULE	100 g + 300 g
JAUNES D'ŒUF	20
CHOUX	32
CHOCOLAT NOIR	300 g
EAU	350 g
BEURRE DOUX	50 g

● **BOISSON** cerdon rosé // muscat de Rivesaltes

CHANGEMENT D'ASSOCIATIONS

PISTACHE ET CHOCOLAT BLANC

▶ Réaliser une crème glacée à la pistache (voir p. 222) et une sauce au chocolat blanc… c'est délicieux !

TOUCHE DE PRALINÉ

▶ Utiliser du chocolat noir et du chocolat au praliné à parts égales pour réaliser la sauce.

AVANT DE DÉGUSTER

Les choux garnis doivent être stockés au congélateur, et la sauce au réfrigérateur. Il suffira de la réchauffer avant de dresser.

1

1 H AVANT

METTRE AU FROID LE RÉCIPIENT dans lequel la crème anglaise devra reposer.

TOUT PETITS… Réaliser de tout petits choux, les garnir de glace à la vanille et les stocker au congélateur. Au moment de les déguster, utiliser des piques à fondue pour les tremper directement dans la sauce chocolat, façon fondue de profiteroles.

PAS DE SUCRE SEMOULE ?

Utiliser le sucre de son choix, cassonade, vergeoise… Attention, le goût particulier de ces sucres viendra s'ajouter aux autres parfums du dessert.

RESTE DE SAUCE

Utiliser la sauce restante avec des gaufres ou des crêpes, ou tout simplement sur une boule de glace.

AVEC CETTE RECETTE

JE MAÎTRISE MAINTENANT

☐ LA CRÈME ANGLAISE

☐ LA SAUCE CHOCOLAT

JE ME NOTE

…… /20

CRÉMERIE

ÉPICERIE

1

LA CRÈME ANGLAISE

10 MINUTES

+ CUISSON 15 MIN + ATTENTE 1 H

Fendre les gousses de vanille dans la longueur et gratter l'intérieur pour récupérer les graines.

Porter le lait à ébullition avec 100 g de sucre et les graines de vanille. Retirer du feu et laisser infuser pendant 10 minutes.

Fouetter les jaunes d'œuf et 300 g de sucre jusqu'à ce que le mélange blanchisse et soit mousseux.

CONSEIL MasterChef

CETTE OPÉRATION PERMET DE DISSOUDRE LE SUCRE ET DE RENDRE LE MÉLANGE PLUS LÉGER.

Incorporer le lait infusé au mélange de jaunes et de sucre.

Transférer la crème vanillée dans une casserole.

Porter sur feu doux et laisser cuire jusqu'à ce que la crème atteigne 82 °C, en remuant sans cesse avec une spatule.

CONSEIL MasterChef

IL FAUT CUIRE À LA NAPPE, C'EST-À-DIRE JUSQU'À CE QUE LA CRÈME COUVRE LA SPATULE ET QUE, QUAND ON PASSE LE DOIGT SUR CELLE-CI, LA TRACE DU DOIGT PERDURE.

Verser la crème dans un récipient froid et continuer de remuer pendant quelque temps pour stopper la cuisson.

CONSEIL MasterChef

SI LA CRÈME EST TROP CUITE ET A TRANCHÉ, AJOUTER UN GLAÇON ET MIXER VIVEMENT AU MIXEUR PLONGEANT AVANT DE FILTRER À L'AIDE D'UNE PASSOIRE TRÈS FINE.

Filmer au contact et laisser refroidir pendant au moins 1 heure.

CONSEIL MasterChef

CETTE HEURE DE MATURATION PERMET À LA CRÈME D'ÊTRE ENCORE PLUS ONCTUEUSE, ET À SES SAVEURS DE SE DÉVELOPPER.

2

LA GLACE

5 MINUTES

+ CONGÉLATION 15 MIN

Verser la crème anglaise dans la cuve de la turbine ou de la sorbetière, et faire prendre en glace.

CONSEIL MasterChef

SANS SORBETIÈRE, VERSER LA CRÈME DANS UN BAC LARGE ET PLAT, METTRE DANS LE CONGÉLATEUR ET FOUETTER VIVEMENT TOUTES LES 20 MINUTES POUR CASSER LES PAILLETTES DE GIVRE, JUSQU'À CE QUE LA GLACE SOIT PRISE.

3

GARNIR LES CHOUX

20 MINUTES

Couper un chapeau dans la partie supérieure de chacun des choux.

Façonner des petites boules de glace et en déposer une dans chaque chou.

Replacer les chapeaux sur la glace et stocker les choux garnis au congélateur.

4

LA SAUCE AU CHOCOLAT

10 MINUTES

+ CUISSON 15 MIN

Préparer un bain-marie : cul-de-poule reposant sur le bord d'une casserole contenant un fond d'eau bouillante.

Concasser le chocolat noir.

Mettre l'eau dans le cul-de-poule, ajouter le chocolat et le laisser fondre au bain-marie sur feu doux.

CONSEIL MasterChef

IL EST POSSIBLE DE REMPLACER L'EAU PAR UN SIROP FRUITÉ OU PAR DU CAFÉ DÉTENDU, POUR UNE SAVEUR DIFFÉRENTE.

Ajouter le beurre détaillé en parcelles et fouetter pour homogénéiser la sauce. Transférer dans une saucière.

Répartir les choux sur les assiettes et les napper de sauce au chocolat chaude.

LES ATELIERS MasterChef

PROFITEROLES

LES ATELIERS DE MasterChef

MOKA

Préparation	Cuisson	Attente	Tout compris	Niveau	Budget
1 h	45 min	1 h	2 h 45	★★	€

INGRÉDIENTS	POUR 8 PERSONNES
BEURRE	20 g + 250 g
FARINE	20 g + 150 g
CAFÉ EXPRESSO (MOKA)	20 cl
SUCRE SEMOULE	125 g + 150 g + 250 g
RHUM	5 cl
ŒUFS	5 + 3 (130 g)
EXTRAIT DE CAFÉ	20 g
AMANDES EFFILÉES	125 g
CHOCOLAT NOIR	25 g

BOISSON rivesaltes // rasteau

CHANGEMENT D'ASSOCIATIONS

NOYER

Remplacer le café par de l'arôme de noix pour réaliser un noyer.

EFFET VISUEL

Monter le dessert dans des verrines individuelles et terminer par une onctueuse chantilly parfumée au café.

ÉVITER LE FRIGO

Réaliser le moka le plus tard possible ; l'idéal est d'éviter le passage au réfrigérateur pour conserver à ce dessert son moelleux et son onctuosité (le réfrigérateur fige le beurre de la crème).

PAS D'EXTRAIT DE CAFÉ ?

Utiliser du café soluble dilué dans un fond d'eau pour remplacer l'extrait de café.

CRÈME AU BEURRE BIEN LISSE

S'il est trop froid, le beurre ne se mélange pas bien, et la crème tranche. Incorporer le beurre en pommade bien molle dans le sabayon à température ambiante, doucement et au batteur.

GÉNOISE SANS BAIN-MARIE

Utiliser un batteur électrique permet de monter le mélange sucre-œufs sans utiliser de bain-marie.

AVEC CETTE RECETTE

JE MAÎTRISE MAINTENANT

- ☐ LA GÉNOISE
- ☐ LA CRÈME AU BEURRE AU CAFÉ

JE ME NOTE ...... /20

CRÉMERIE

ÉPICERIE

1

CHEMISER LE MOULE

5 MINUTES

+ ATTENTE 10 MIN

Faire fondre doucement 20 g de beurre et en badigeonner généreusement un moule à manqué ; laisser figer au froid.

Fariner le moule, le retourner en le tapotant pour enlever l'excédent de farine et le stocker, toujours à l'envers, au frigo.

2

LE SIROP DE PUNCHAGE

5 MINUTES

+ CUISSON 5 MIN + ATTENTE 30 MIN

Faire chauffer le café et y dissoudre 125 g de sucre, puis laisser refroidir. Ajouter le rhum, couvrir et réserver.

3

LE BISCUIT GÉNOIS

15 MINUTES

+ CUISSON 25 À 30 MIN + ATTENTE 20 MIN

PRÉCHAUFFER LE FOUR À 160 °C (TH. 5-6).

AVEC MON FOUR : TH. ____

Fouetter doucement 150 g de sucre et 5 œufs dans un bain-marie jusqu'à ce que l'appareil soit tiède et ait doublé de volume.

Retirer du bain-marie et fouetter le mélange à grande vitesse jusqu'à complet refroidissement.

Ajouter la farine tamisée en pluie et l'incorporer délicatement, en « coupant » l'appareil à l'aide d'une écumoire.

Remplir le moule en privilégiant le tour, de façon à éviter toute surépaisseur, au centre notamment.

Enfourner pour 25 à 30 minutes. Vérifier la cuisson en enfonçant une pointe au cœur de la génoise : elle doit ressortir sèche.

Démouler la génoise à chaud et la laisser refroidir sur une grille.

4

LA CRÈME AU BEURRE

15 MINUTES

+ CUISSON 10 MIN

Battre rapidement 3 œufs en omelette, en peser 130 g et les mettre dans la cuve du batteur.

Faire cuire 250 g de sucre dans une casserole jusqu'au boulé, c'est-à-dire 116 °C.

Incorporer peu à peu aux œufs le sucre cuit en fouettant à grande vitesse, et continuer de fouetter jusqu'à complet refroidissement.

Ramollir le beurre en pommade et l'incorporer petit à petit dans le sabayon froid.

Parfumer la crème d'extrait de café, puis la réserver dans un endroit tempéré.

5

GARNIR LA GÉNOISE

20 MINUTES

+ CUISSON 5 MIN

Faire griller les amandes sous le gril du four ou à la poêle, doucement, puis les débarrasser dans une assiette creuse.

Découper le biscuit en trois disques de même épaisseur.

Imbiber toute la surface du premier biscuit de sirop de punchage au pinceau jusqu'à ce que la génoise soit bien humide.

Dresser à la poche à pâtisserie une couche de crème au beurre et lisser à la spatule pour éliminer les trous.

Ajouter dessus un autre disque de biscuit, l'imbiber et le garnir de crème. Recouvrir le tout du dernier disque, imbibé lui aussi.

Laisser le moka au frais quelques minutes. Le recouvrir de crème au beurre et lisser, puis masquer le bord avec les amandes.

Décorer la surface de crème au beurre avec la poche et une douille cannelée, puis écrire « MOKA » au cornet, avec du chocolat fondu.

LES ATELIERS MasterChef

MOKA

LES ATELIERS DE MasterChef

MACARONS

PRÉPARATION	CUISSON	ATTENTE	TOUT COMPRIS	NIVEAU	BUDGET
45 min	+ 10 min	+ 30 min	= 1 h 25	★★	€€

INGRÉDIENTS	POUR 30 MACARONS
BLANC D'ŒUF	150 g
POUDRE D'AMANDES BLANCHE	200 g
SUCRE GLACE	300 g
SUCRE SEMOULE	100 g

● **BOISSON** banyuls // coteaux-du-layon

CHANGEMENT D'ASSOCIATIONS

PLUS ÉLABORÉ

▶ Remplacer la meringue française par une meringue italienne au sucre cuit, pour des macarons plus solides et tout aussi moelleux (voir p. 222).

DE TOUTES LES COULEURS

▶ Ajouter des colorants en poudre pour faire des macarons de différentes couleurs.

30

30 MIN AVANT

SORTIR LES BLANCS D'ŒUF DU FRIGO pour les amener à température ambiante.

PAS DE SUCRE GLACE ?

Mixer du sucre, puis le passer à la passoire très fine pour obtenir du sucre glace.

AU CHAUD !

Pour obtenir un tant-pour-tant très fin, étaler la poudre d'amandes en fine couche sur un plateau et placer celui-ci au-dessus d'un radiateur durant une nuit, pour qu'elle sèche bien.

BIEN BRILLANTS

Placer les macarons au congélateur dès la sortie du four. Le choc thermique ainsi réalisé assurera une surface bien brillante.

TOUS LES MACARONS

Cette recette permet de faire des macarons parisiens, mais il existe de nombreuses autres versions de ce délice : macarons de Nancy, d'Amiens...

AVEC CETTE RECETTE

JE MAÎTRISE MAINTENANT

☐ LES COQUES DE MACARON

☐ LE MACARONAGE

JE ME NOTE

...../20

CRÉMERIE

ÉPICERIE

1

TEMPÉRER LES BLANCS D'ŒUF

2 MINUTES

+ ATTENTE 30 MIN

Sortir les blancs d'œuf du frigo 30 minutes avant le début du travail pour les amener à température ambiante.

2

LES GABARITS ET LE TANT-POUR-TANT

15 MINUTES

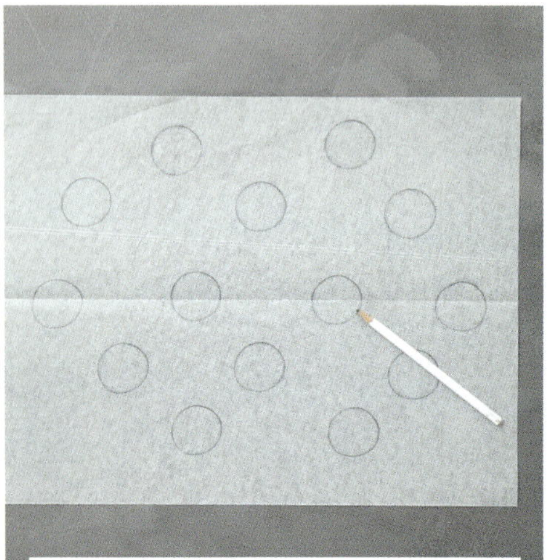

À l'aide d'un crayon ou d'un feutre, tracer des cercles de 3 cm de diamètre en quinconce sur deux feuilles de papier cuisson.

Mixer la poudre d'amandes avec 200 g de sucre glace pour obtenir le tant-pour-tant le plus fin possible.

Passer le mélange obtenu au tamis fin.

Vérifier le poids du mélange : on doit obtenir 400 g.

3

LA MERINGUE FRANÇAISE

10 MINUTES

Ajouter 50 g de sucre semoule dans le bol des blancs d'œuf et fouetter doucement.

Quand ils sont déjà bien mousseux, incorporer le reste de sucre semoule (50 g) versé en pluie fine.

Serrer la meringue en incorporant 100 g de sucre glace à grande vitesse.

4

L'APPAREIL À MACARONS

5 MINUTES

Mélanger le tant-pour-tant et la meringue à l'aide d'une spatule souple.

Battre le mélange pour macaroner la pâte.

CONSEIL MasterChef

LA PÂTE DOIT ÊTRE PARFAITEMENT HOMOGÈNE, ONCTUEUSE ET PAS TROP LIQUIDE ; DÈS QUE LE MÉLANGE BRILLE, ARRÊTER DE BATTRE.

5

LES COQUES

10 MINUTES

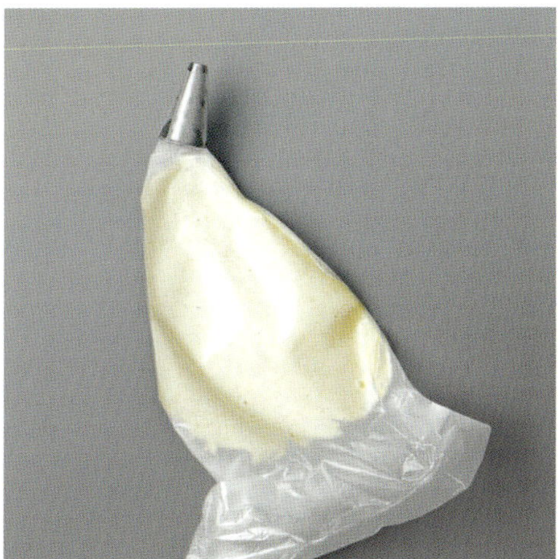

Munir une poche à pâtisserie d'une douille unie n° 6, puis la garnir d'appareil à macarons.

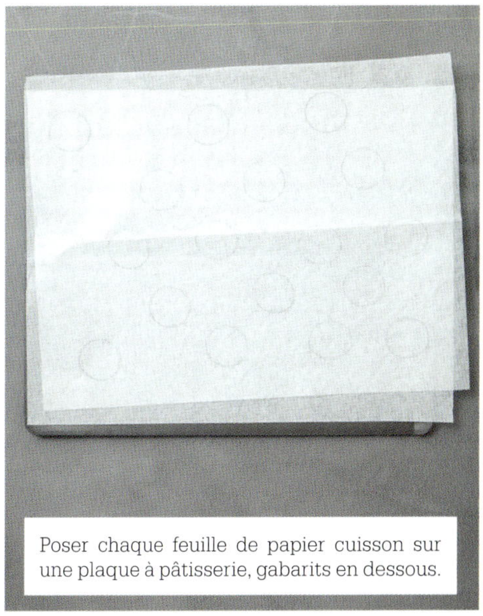

Poser chaque feuille de papier cuisson sur une plaque à pâtisserie, gabarits en dessous.

Dresser les coques des macarons sur les feuilles de papier cuisson en s'aidant des gabarits, visibles par transparence.

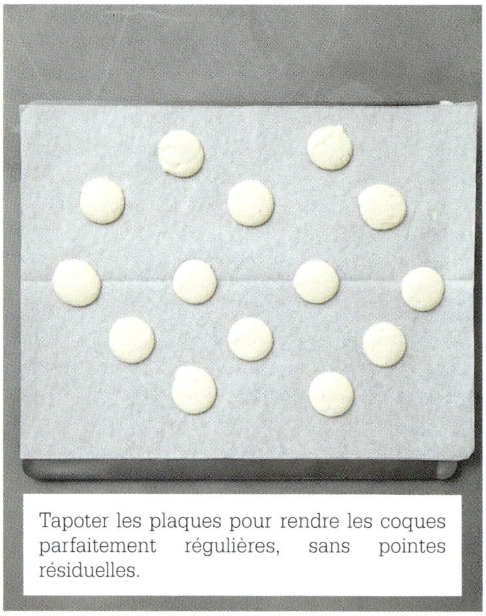

Tapoter les plaques pour rendre les coques parfaitement régulières, sans pointes résiduelles.

Laisser croûter pendant au moins 30 minutes à l'air libre.

PRÉCHAUFFER LE FOUR À 160 °C (TH. 5-6).

AVEC MON FOUR : TH. ______

______

______

______

______

______

______

______

6

LES MACARONS

5 MINUTES

+ CUISSON 10 MIN

Enfourner les coques et les laisser cuire durant 10 minutes.

CONSEIL MasterChef

VOUS POUVEZ CONFECTIONNER DES COQUES PLUS GROSSES, IL SUFFIRA DE LES CUIRE PLUS LONGTEMPS.

À la sortie du four, glisser la feuille de macarons sur un torchon humide posé sur le plan de travail.

Décoller les coques et les laisser refroidir, puis les garnir de ganache (voir p. 223) et les accoler deux à deux.

LES ATELIERS MasterChef

MACARONS

LES ATELIERS DE MasterChef

PARIS-BREST

40 min PRÉPARATION + 30 min CUISSON + 1 h 30 ATTENTE = 2 h 40 TOUT COMPRIS

NIVEAU ★★★

BUDGET €

INGRÉDIENTS	POUR 8 PERSONNES
EAU	25 cl + 1 c. à s.
SEL	5 g + 1 pincée
BEURRE	75 g + 175 g
FARINE	150 g + 35 g
ŒUFS	5
JAUNES D'ŒUF	1 + 3
AMANDES EFFILÉES	50 g
LAIT	33 cl
SUCRE SEMOULE	60 g
PRALINÉ EN PÂTE	100 g
SUCRE GLACE	25 g

● **BOISSON** sauternes // loupiac

CHANGEMENT D'ASSOCIATIONS

AUTRE FORME

▶ Réaliser cette recette sous la forme de petits éclairs, pour un dessert individuel original.

AUTRE PARFUM

▶ Parfumer la crème avec le produit typique d'une région (mirabelle, miel, citron, châtaigne...) et inventer « son » dessert local.

PARIS-BREST ?
Ce dessert est une création de 1891 qui symbolise une roue de vélo et fait référence à la course cycliste qui allait de Paris à Brest.

PARFAITEMENT CUITE
La couronne est cuite quand elle est légère, gonflée, et que les creux et les aspérités de la pâte présentent la même couleur.

PAS DE PRALINÉ ?
Mixer une « nougatine » composée de sucre, de noisettes et d'amandes jusqu'à obtention d'une pâte fine.

COURONNE DE PETITS CHOUX Plutôt que de coucher une grande couronne, poser des petits tas de pâte espacés de 1 cm les uns des autres sur un gabarit circulaire ; en cuisant, ils vont se coller et créer une couronne de choux, bien plus facile à portionner !

PLUS LÉGER ?
Plus la crème sera émulsionnée, plus le dessert sera léger.

AVEC CETTE RECETTE

JE MAÎTRISE MAINTENANT

☐ LA COURONNE EN PÂTE À CHOUX
☐ LA CRÈME PRALINÉE

JE ME NOTE

...... /20

CRÉMERIE

ÉPICERIE

1

LA PÂTE À CHOUX

10 MINUTES

+ CUISSON 5 MIN

Peser et préparer tous les ingrédients de la pâte : 25 cl d'eau, 5 g de sel, 75 g de beurre, 150 g de farine et 5 œufs.

Détailler le beurre en parcelles, les mettre dans une casserole avec l'eau et le sel, puis porter à ébullition.

Retirer du feu et ajouter toute la farine d'un coup dans le liquide bouillant.

Mélanger cette panade à l'aide d'une spatule plate jusqu'à obtention d'une boule de pâte homogène.

Faire dessécher un peu la panade sur feu doux jusqu'à ce qu'elle soit lisse, puis la débarrasser dans le bol d'un robot.

Ajouter 4 œufs, l'un après l'autre, en veillant à ce que chaque œuf soit bien incorporé à la pâte avant d'ajouter le suivant.

Battre le dernier œuf dans un ramequin et en incorporer juste ce qu'il faut pour obtenir une pâte souple formant des becs.

2

LA COURONNE

10 MINUTES

+ CUISSON 20 MIN + ATTENTE 30 MIN

PRÉCHAUFFER LE FOUR À 200 °C (TH. 6-7), SANS VENTILATION.

AVEC MON FOUR : TH. ____

Tracer un cercle de 18 à 20 cm de diamètre sur une feuille de papier sulfurisé, puis retourner celle-ci sur une plaque de cuisson.

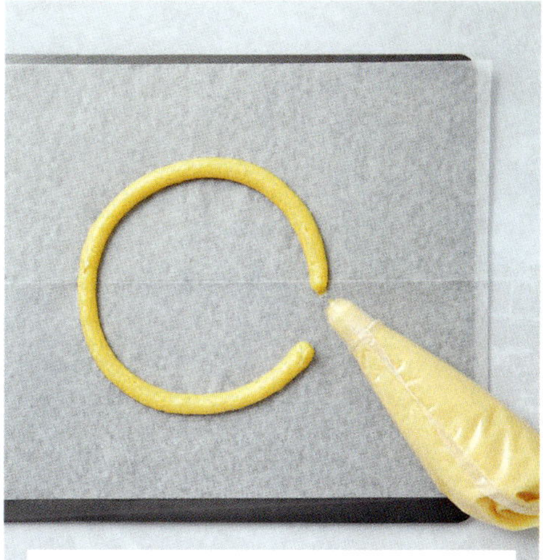

Remplir de pâte une poche à pâtisserie munie d'une douille lisse n° 10 et coucher une couronne en suivant le tracé par transparence.

Coucher une autre couronne contre la première, à l'intérieur, et en déposer une dernière à cheval sur les deux premières.

Mélanger 1 jaune d'œuf avec 1 cuillerée à soupe d'eau et en badigeonner la couronne, puis la rayer à l'aide d'une fourchette.

La parsemer d'amandes effilées. Enfourner, baisser aussitôt la température à 180 °C (th. 6) et laisser cuire 20 minutes.

Vérifier la cuisson : la couronne doit être légère et de couleur homogène. La déposer sur une grille et la laisser refroidir.

3

LA CRÈME PRALINÉE

10 MINUTES

+ CUISSON 5 MIN + ATTENTE 30 MIN

Porter le lait à ébullition. Faire blanchir 3 jaunes d'œuf avec le sucre en fouettant, puis ajouter 35 g de farine et mélanger.

Ajouter petit à petit le lait très chaud, en fouettant.

Reverser l'ensemble dans la casserole, porter à ébullition et laisser cuire 1 minute, en mélangeant constamment.

Hors du feu, incorporer 75 g de beurre en parcelles. Filmer au contact et réserver 30 minutes au frais.

Travailler le praliné avec 175 g de beurre pour les assouplir jusqu'à ce que le mélange ait la texture d'une pommade.

Battre la crème pâtissière pour l'assouplir, puis incorporer petit à petit le beurre praliné en fouettant à grande vitesse.

4

LE MONTAGE

10 MINUTES

+ ATTENTE 30 MIN

Couper la couronne de pâte en deux dans l'épaisseur, à mi-hauteur.

Remplir de crème une poche à pâtisserie munie d'une douille cannelée n° 10 et garnir la base de la couronne.

Poser la partie supérieure de la couronne sur la crème. Saupoudrer le tout de sucre glace et laisser raffermir au frais 30 minutes.

PARIS-BREST

LES ATELIERS DE MasterChef

OPÉRA

PRÉPARATION		CUISSON		ATTENTE		TOUT COMPRIS	NIVEAU	BUDGET
1 h 15	+	25 min	+	2 h 30	=	4 h 10	★★★	€€

INGRÉDIENTS	POUR 8 PERSONNES
SUCRE SEMOULE	125 g + 125 g + 20 g + 125 g + 90 g
CAFÉ EXPRESSO (MOKA)	20 cl
COINTREAU	5 cl
ŒUF	180 g (environ 3,5 œufs) + 75 g (environ 1,5 œuf)
POUDRE D'AMANDES	125 g
FARINE	35 g
BLANC D'ŒUF	120 g
BEURRE	25 g + 125 g + 70 g
EXTRAIT DE CAFÉ	10 g
CRÈME LIQUIDE	200 g + 62,5 g
CHOCOLAT NOIR	275 g
BEURRE DE CACAO OU HUILE NEUTRE	25 g
EAU	72,5 g
CACAO EN POUDRE	30 g
GÉLATINE	2 feuilles

● **BOISSON** macvin du Jura // champagne

CHANGEMENT D'ASSOCIATIONS

AUTRES PARFUMS

▶ Changer les parfums en respectant l'ordre de montage pour obtenir une variation d'entremets : chocolat-vanille, caramel-pommes...

NOTE JAPONAISE

▶ Ajouter du thé matcha dans le biscuit pour apporter un peu d'amertume.

CHABLONNER La couche de chocolat sur le biscuit du fond permet au gâteau d'être facile à servir tout en restant très moelleux, car le chocolat figé assure un fond solide que le sirop ne va pas détremper à outrance.

BISCUIT JOCONDE Ce biscuit à la fois léger et savoureux constitue la base de l'opéra, mais on peut le remplacer par des feuilles de génoise.

LÉGER Les couches de crème au beurre ne doivent pas excéder 5 mm d'épaisseur, pour que le gâteau conserve sa légèreté.

AVEC DU GLUCOSE

Remplacer le sucre semoule de la ganache par le même poids de glucose, pour une ganache encore plus onctueuse.

AVEC CETTE RECETTE

JE MAÎTRISE MAINTENANT

- ☐ LE BISCUIT JOCONDE
- ☐ LA GANACHE AU CHOCOLAT NOIR
- ☐ LE NAPPAGE CHOCOLAT

JE ME NOTE

...... /20

CRÉMERIE

ÉPICERIE

1

LE SIROP ET LE BISCUIT JOCONDE

15 MINUTES

+ CUISSON 10 MIN **+** ATTENTE 30 MIN

Dissoudre 125 g de sucre dans le café expresso très chaud et laisser refroidir, puis ajouter le Cointreau. Couvrir et réserver.

PRÉCHAUFFER LE FOUR À 230 °C (TH. 7-8).

AVEC MON FOUR : TH. ____________

Fouetter à grande vitesse 180 g d'œuf avec 125 g de sucre et la poudre d'amandes. Incorporer délicatement la farine.

Monter les blancs d'œuf en neige et les serrer avec 20 g de sucre. Les incorporer délicatement à l'appareil aux amandes.

Faire fondre 25 g de beurre, puis le laisser tiédir et l'incorporer à la préparation précédente.

Étaler uniformément l'appareil sur une plaque tapissée de papier cuisson. Enfourner et laisser cuire 7 minutes.

2

LA CRÈME AU BEURRE

15 MINUTES

+ CUISSON 10 MIN

Faire cuire 125 g de sucre dans une casserole jusqu'au boulé, c'est-à-dire 116 °C.

Mettre 75 g d'œuf dans la cuve et incorporer peu à peu le sucre en fouettant vivement. Continuer jusqu'à complet refroidissement.

Ramollir le beurre en pommade et l'incorporer petit à petit dans le sabayon froid.

Parfumer la crème avec l'extrait de café, puis la réserver dans un endroit tempéré.

3

LA GANACHE

10 MINUTES

+ ATTENTE 30 MIN

Porter 200 g de crème liquide à ébullition.

Hacher 200 g de chocolat. Verser la crème encore très chaude (environ 80 °C) dessus et laisser fondre le chocolat quelques instants.

Ajouter 70 g de beurre et lisser la ganache au fouet. Réserver à température ambiante.

4

LE NAPPAGE

5 MINUTES

+ CUISSON 5 MIN + ATTENTE 30 MIN

Dans un récipient de cuisson assez haut, porter à ébullition l'eau avec 62,5 g de crème et 90 g de sucre.

Ajouter le cacao et faire bouillir 5 minutes, en fouettant pour éviter les grumeaux. Retirer du feu et laisser refroidir à 60 °C.

Faire tremper la gélatine dans un peu d'eau, l'essorer et l'ajouter à la préparation. Attendre le refroidissement sans fouetter.

5

ASSEMBLAGE DE L'OPÉRA

30 MINUTES

+ ATTENTE 1 H

Couper le biscuit Joconde en trois rectangles réguliers et identiques, de la taille du cadre de montage.

Faire fondre au bain-marie le reste de chocolat avec le beurre de cacao. En badigeonner au pinceau la surface d'un des biscuits.

Placer le biscuit chablonné dans un cadre, chocolat vers le fond, et l'imbiber de sirop au café.

Ajouter une couche de crème au beurre, lisser avec une corne à pâtisserie et laisser raffermir au frais.

Ajouter une couche de ganache, puis un biscuit imbibé de sirop. Procéder de la même façon pour le deuxième étage.

Verser le nappage froid mais encore liquide sur le gâteau, lisser et réserver au frais. Décor libre, au cornet de chocolat fondu.

OPÉRA

LES ATELIERS DE MasterChef

ÉCLAIRS
AU CHOCOLAT

50 min PRÉPARATION + 40 min CUISSON + 50 min ATTENTE = 2 h 20 TOUT COMPRIS

★★ NIVEAU

€ BUDGET

INGRÉDIENTS	POUR 8 PERSONNES
EAU	25 cl + 1 c. à s.
SEL	5 g
BEURRE	75 g
FARINE	150 g
ŒUF	5
JAUNES D'ŒUF	1 + 6
LAIT	650 g + 100 g
SUCRE SEMOULE	50 g + 150 g
POUDRE À CRÈME	100 g
CACAO AMER NON SUCRÉ	125 g + 30 g
FONDANT PÂTISSIER	300 g

● **BOISSON** banyuls // maury

CHANGEMENT D'ASSOCIATIONS

ÉCLAIRS À LA CHANTILLY

▶ Remplacer la crème au chocolat par une chantilly bien vanillée.

TOUT CHOCO

▶ Ajouter du cacao en poudre dans la pâte à choux pour faire une pâte tout chocolat.

AUTRES PARFUMS

La crème pâtissière peut être aromatisée à n'importe quel parfum. Les plus classiques sont café, vanille, Grand-Marnier et caramel.

POUR DES CHOUX

Pour obtenir des choux, la technique est la même, mais il faut coucher des petits disques de pâte en quinconce sur la plaque du four.

CRAQUELIN

Recouvrir les choux de pâte à craquelin (voir p. 223) très fine permet d'obtenir des choux bien ronds et croustillants.

PAS DE FONDANT PÂTISSIER ?

Confectionner une glace royale (voir p. 222).

JOLIS !

Pour rendre les éclairs encore plus jolis, zébrer le fondant chocolat d'un trait de fondant blanc, façon millefeuille !

AVEC CETTE RECETTE

JE MAÎTRISE MAINTENANT

- ☐ LA PÂTE À CHOUX
- ☐ LA CRÈME PÂTISSIÈRE
- ☐ LA CUISSON DE LA PÂTE À CHOUX

JE ME NOTE

...../20

CRÉMERIE

ÉPICERIE

1

LA PÂTE À CHOUX

10
MINUTES

+ CUISSON 5 MIN

Peser et préparer tous les ingrédients de la pâte : 25 cl d'eau, 5 g de sel, 75 g de beurre, 150 g de farine et 5 œufs.

Détailler le beurre en parcelles, les mettre dans une casserole avec l'eau et le sel, puis porter à ébullition.

Retirer du feu et ajouter toute la farine d'un coup dans le liquide bouillant.

Mélanger cette panade à l'aide d'une spatule plate jusqu'à obtention d'une boule de pâte homogène.

Faire dessécher un peu la panade sur feu doux jusqu'à ce qu'elle soit lisse, puis la débarrasser dans le bol d'un robot.

Ajouter 4 œufs, l'un après l'autre, en veillant à ce que chaque œuf soit bien incorporé à la pâte avant d'ajouter le suivant.

Battre le dernier œuf dans un ramequin et en incorporer juste ce qu'il faut pour obtenir une pâte souple formant des becs.

PRÉCHAUFFER LE FOUR À 200 °C (TH. 6-7).

AVEC MON FOUR : TH. ____

2

COUCHER LES ÉCLAIRS

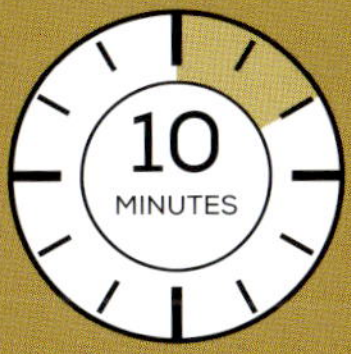

Mettre la pâte dans une poche à pâtisserie munie d'une douille cannelée n° 15.

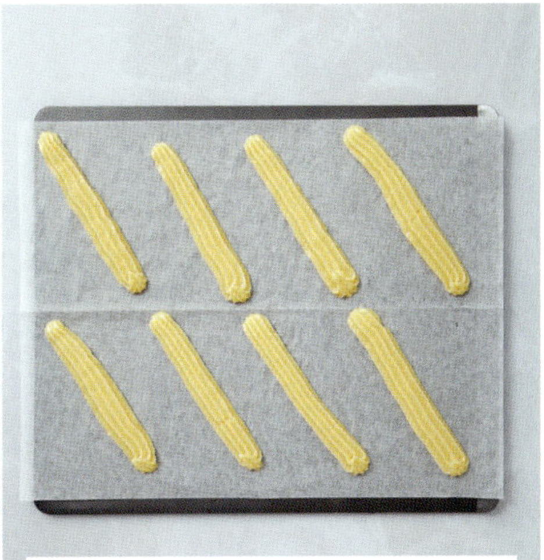

Coucher des boudins de pâte de 10 cm de longueur sur une plaque tapissée de papier cuisson.

Mélanger 1 jaune d'œuf avec 1 cuillerée à soupe d'eau et dorer légèrement au pinceau chaque éclair.

3

CUIRE LES ÉCLAIRS

+ CUISSON 25 MIN + ATTENTE 30 MIN

Glisser la plaque dans le four (non ventilé), baisser la température à 160 °C (th. 5-6) et laisser cuire 25 minutes environ.

Vérifier la cuisson : les éclairs doivent être légers et de couleur homogène. Les déposer sur une grille et les laisser refroidir.

4

LA CRÈME PÂTISSIÈRE

+ CUISSON 10 MIN + ATTENTE 20 MIN

Verser 650 g de lait dans une casserole, ajouter 50 g de sucre et porter à ébullition.

Fouetter 6 jaunes d'œuf avec 150 g de sucre pour les blanchir. Ajouter 100 g de lait froid, puis incorporer la poudre à crème.

Ajouter petit à petit le lait très chaud, en fouettant.

Reverser l'ensemble dans la casserole, porter à ébullition et laisser cuire 1 minute, en mélangeant constamment.

Hors du feu, incorporer 125 g de cacao au fouet. Transférer dans un récipient assez plat, filmer au contact et laisser refroidir.

5

GARNIR ET GLACER LES ÉCLAIRS

20 MINUTES

Remplir de crème pâtissière une poche munie d'une douille à fourrer.

Percer trois petits trous sous chacun des éclairs, puis les garnir généreusement de crème.

Faire tiédir le fondant pâtissier en suivant les indications du mode d'emploi, puis l'aromatiser avec le reste de cacao.

Glacer régulièrement les éclairs à l'aide d'une spatule avant de les stocker au frais.

ÉCLAIRS AU CHOCOLAT

HACHER DES HERBES

5 MINUTES

Laver les feuilles plusieurs fois dans de l'eau bien froide, puis les égoutter sur du papier absorbant.

Sélectionner les feuilles et les détacher des tiges à l'aide des doigts.

Commencer le travail par une découpe partielle. Serrer les feuilles contre la lame du couteau et les concasser rapidement.

Recommencer l'opération.

Les herbes peuvent être hachées facilement car elles restent ensemble sans s'éparpiller sur toute la surface de la planche.

Hacher les herbes...

... de plus en plus finement...

... jusqu'à obtenir un hachis très fin et régulier.

BOUQUET GARNI

5 MINUTES

Disposer les éléments sur le plan de travail.

Effeuiller 5 brins de persil pour ne conserver que les tiges.

Poser 2 brindilles de thym et 1 feuille de laurier à la base des tiges de persil.

Si celles-ci sont très longues, les replier pour former une sorte de cigare et envelopper le tout dans une feuille de vert de poireau.

Rouler bien serré pour que le bouquet garni ne se défasse pas lors de la cuisson.

Ficeler l'ensemble en réalisant plusieurs tours le long du bouquet pour maintenir tous les aromates.

Parer les extrémités : cela évite de retrouver des petits morceaux de persil ou de thym flottant dans le plat.

Le bouquet garni est prêt à être plongé dans le liquide de cuisson.

CHAMPIGNONS SAUTÉS

+ CUISSON 5 MIN

Enlever la partie terreuse de 250 g de champignons de Paris.

Les frotter avec un linge humide et les couper en morceaux.

Faire chauffer un peu d'huile dans une sauteuse ou une poêle.

Y jeter les champignons et les faire sauter par petites quantités.

Les laisser cuire jusqu'à ce qu'ils soient colorés.

Les champignons sont colorés et cuits, mais ils restent moelleux. Les débarrasser sur papier absorbant.

OIGNONS GLACÉS

+ CUISSON 25 MIN

Disposer les éléments sur le plan de travail.

Éplucher 250 g de petits oignons et les disposer dans une sauteuse les contenant tout juste, sur une seule couche.

Verser de l'eau à hauteur, puis ajouter 25 g de beurre en parcelles, une grosse pincée de sucre, un peu de sel et du poivre blanc.

Découper un disque de papier sulfurisé, le percer au centre et le poser sur les oignons, pour retenir partiellement l'eau s'évaporant lors de la cuisson.

Porter à ébullition, puis laisser frémir jusqu'à réduction presque totale de l'eau.

Il ne reste alors plus qu'un « sirop » gras et brillant, qui va enrober les oignons. Vérifier leur cuisson en les piquant à cœur.

Au besoin, ajouter un peu d'eau et prolonger la cuisson de quelques minutes. Ces oignons sont dits « glacés à blanc ».

Si on prolonge la cuisson, un caramel blond se forme et ils prennent alors une robe brune : ils sont alors « glacés à brun ».

RECETTES COMPLÉMENTAIRES

SAUCE AU VIN ROUGE

PRÉPARATION 5 MIN
CUISSON 30 MIN

POUR 30 CL DE SAUCE

300 g d'échalotes, 50 cl de vin rouge, 20 cl de fond brun lié,
50 g de beurre

Peler et ciseler finement les échalotes. Faire chauffer 10 g de beurre dans une poêle, ajouter les échalotes et les faire légèrement suer.

Mouiller avec le vin rouge et laisser réduire pendant 20 minutes sur feu doux.

Ajouter le fond de veau et porter à ébullition, puis monter avec le reste de beurre, en fouettant vivement.

BÉCHAMEL

PRÉPARATION 10 MIN
CUISSON 15 MIN

POUR 1 LITRE DE SAUCE

1 litre de lait, 75 g de beurre, 75 g de farine, noix de muscade,
piment de Cayenne, sel

Faire fondre le beurre sur feu doux dans une casserole. Ajouter la farine et mélanger à l'aide d'une spatule jusqu'à ce que la préparation soit homogène. Laisser cuire très doucement quelques instants ; le mélange mousse et devient blanchâtre. Retirer du feu et laisser refroidir.

Verser le lait dans une casserole, l'assaisonner de sel, de poivre et de noix de muscade râpée, puis le porter à petite ébullition. Le verser sur le roux froid, mélanger rapidement et porter à nouveau la sauce à ébullition sans cesser de mélanger au fouet.

Maintenir l'ébullition quelques instants, goûter la sauce pour rectifier l'assaisonnement et la débarrasser rapidement dans un bol. Poser un morceau de plastique alimentaire à même la sauce pour empêcher la surface de dessécher.

GELÉE DE WASABI

PRÉPARATION 3 MIN
CUISSON 1 MIN

POUR 20 CL DE GELÉE

20 cl de bouillon de volaille, 2 à 4 g de wasabi en pâte,
3 g de gélatine en feuille

Tremper la gélatine dans de l'eau froide pour la ramollir.

Faire chauffer légèrement le bouillon de volaille. Ajouter le wasabi et la gélatine essorée, puis laisser refroidir la gelée.

RILLETTES DE SAUMON

PRÉPARATION 30 MIN
CUISSON 5 MIN
ATTENTE 1 H

POUR 1,5 KG DE RILLETTES

800 g de filet de saumon frais (peau et arêtes supprimées),
200 g de saumon fumé, 300 g de beurre, 300 g de crème,
½ botte de ciboulette, sel, poivre blanc

Détailler le saumon frais en petits dés, et le saumon fumé en lanières, puis en carrés.

Raidir les dés de saumon frais dans une sauteuse avec 40 g de beurre, puis les émietter à la fourchette. Ajouter le saumon fumé et laisser refroidir.

Fouetter la crème jusqu'à ce qu'elle soit bien ferme. Ajouter aux saumons le reste de beurre en pommade, la crème montée et la ciboulette finement ciselée. Assaisonner et réserver au froid pendant 1 heure avant de déguster.

RECETTES COMPLÉMENTAIRES

FLAN D'ÉPINARDS

PRÉPARATION 10 MIN
CUISSON 35 MIN

POUR 4 PERSONNES

1 kg d'épinards frais, 50 g de beurre, 200 g de crème liquide, 2 jaunes d'œuf, 2 œufs, sel, poivre, noix de muscade, beurre pour le moule

Préchauffer le four à 160 °C (th. 5-6).

Laver les épinards et les équeuter. Les faire sauter au beurre dans une grande poêle pendant 3 à 5 minutes, puis les hacher. Presser le hachis obtenu pour éliminer le plus possible de liquide. Mélanger les épinards avec la crème, les œufs et les jaunes.

Assaisonner la préparation, la transférer dans un moule beurré et faire cuire au four dans un bain-marie pendant environ 30 minutes. Attention, le temps de cuisson doit être adapté à l'épaisseur du flan : il est cuit lorsqu'il est pris mais qu'il tremblote encore légèrement, comme une crème caramel.

DUXELLES

PRÉPARATION 10 MIN
CUISSON 15 MIN

POUR 200 G DE DUXELLES

500 g de champignons de Paris, 1 citron, 50 g d'échalotes, 75 g de beurre, sel et poivre blanc

Éplucher et ciseler très finement l'échalote. Presser le citron et filtrer le jus obtenu.

Enlever la partie terreuse des champignons, puis frotter pieds et têtes avec un linge humide. Hacher finement les champignons, les presser dans un linge propre pour extraire l'eau de végétation et citronner le hachis de champignon pour qu'il ne noircisse pas.

Mettre le beurre à fondre dans un récipient assez large et y faire suer les échalotes sans coloration.

Ajouter les champignons hachés et laisser mijoter doucement, en mélangeant régulièrement, jusqu'à évaporation complète de l'eau de végétation. Pour finir, assaisonner de sel fin et de poivre blanc.

LASAGNES

PRÉPARATION 20 MIN
CUISSON 45 MIN

POUR 6 PERSONNES

un reste de potée (de 800 g à 1 kg de viande et de légumes), 12 feuilles de lasagnes, 1 litre de jus de cuisson de la potée, 90 g de beurre, 90 g de farine, 20 cl de crème liquide, 120 g de gruyère râpé, sel, poivre, noix de muscade

Préparer un roux blanc : faire fondre le beurre dans une casserole sur feu doux. Ajouter la farine, mélanger et laisser cuire quelques instants. Mélanger et poursuivre la cuisson jusqu'à la formation d'une mousse blanchâtre en surface. Retirer du feu et laisser refroidir.

Filtrer le jus de cuisson de la potée et le faire chauffer, puis le lier avec le roux pour obtenir un velouté. Hacher grossièrement les restes de potée à l'aide d'un couteau et les mélanger aux trois quarts du velouté.

Déposer un film de velouté dans le fond d'un plat à gratin. Ajouter une couche de lasagnes, puis du hachis de potée, de nouveau des lasagnes et encore du hachis... Terminer avec une couche de lasagnes.

Mélanger le reste de velouté avec la crème et le fromage râpé. Assaisonner de sel, de poivre et de noix de muscade. Verser sur la couche de lasagnes, glisser au four préchauffé à 180 °C (th. 6) et faire cuire durant 35 minutes environ.

POMMES GAUFRETTES

PRÉPARATION 15 MIN
CUISSON 3 MIN PAR FOURNÉE
POUR 4 PERSONNES

1 kg de pommes de terre, 5 litres d'huile de friture, sel

Peler les pommes de terre et leur donner une forme cylindrique. Les tailler à la mandoline, en les faisant pivoter d'un quart de tour à chaque passage, et les jeter au fur et à mesure dans de l'eau bien froide. Les rincer abondamment pour éliminer le plus possible de fécule, puis les sécher dans un torchon propre.

Faire chauffer l'huile à 175 °C et y faire frire les pommes de terre par petites quantités, pour que la température de l'huile reste constante.

Lorsque les pommes gaufrettes sont cuites et colorées, les débarrasser sur du papier absorbant pour les égoutter, puis les saler.

RECETTES COMPLÉMENTAIRES

CRÈME PÂTISSIÈRE

PRÉPARATION 10 MIN
CUISSON 8 MIN

POUR 1 LITRE DE CRÈME PÂTISSIÈRE

1 litre de lait, 8 jaunes d'œuf, 200 g de sucre, 100 g de farine, 1 gousse de vanille

Faire chauffer le lait avec la moitié du sucre et la gousse de vanille, fendue en deux dans la longueur.

Faire blanchir les jaunes d'œuf avec le reste de sucre semoule, puis ajouter la farine. Délayer petit à petit avec le lait chaud et remettre sur le feu. Porter la crème pâtissière à ébullition en mélangeant et la laisser cuire pendant 3 minutes.

Débarrasser et filmer au contact, puis laisser refroidir au réfrigérateur.

CRÈME GLACÉE À LA PISTACHE

PRÉPARATION 10 MIN
CUISSON 10 MIN

POUR 4 PERSONNES

50 cl lait, 5 jaunes d'œuf, 150 g de sucre, 25 g de beurre, 30 g de pâte de pistaches

Faire chauffer le lait dans une casserole. Pendant ce temps, blanchir les jaunes d'œuf avec le sucre.

Incorporer petit à petit le lait chaud au mélange d'œufs et de sucre. Remettre le tout sur le feu réglé au minimum et laisser cuire en remuant sans cesse avec une cuillère en bois jusqu'à ce que la température de la crème atteigne 84 °C.

Ajouter alors le beurre et la pâte de pistaches, laisser refroidir et faire prendre en glace en sorbetière.

MERINGUE À L'ITALIENNE

PRÉPARATION 20 MIN
CUISSON 10 MIN

POUR COUVRIR 2 TARTES DE 4 PERSONNES

500 g de sucre semoule, 150 g d'eau, 250 g de blancs d'œuf

Verser le sucre et l'eau dans une casserole, puis faire cuire l'ensemble jusqu'à 121 °C.

Pendant ce temps, monter les blancs en neige, en veillant à ne pas les serrer.

Incorporer le sucre cuit aux blancs montés, en le versant en filet et en fouettant sans cesse à grande vitesse jusqu'à complet refroidissement.

Quand la meringue est froide, ferme et nacrée, la préparation est parfaite.

GLACE ROYALE

PRÉPARATION 5 MIN

POUR GLACER UN CAKE (200 G DE GLACE ROYALE)

1 blanc d'œuf, 160 g de sucre glace, ½ citron

Presser le demi-citron.

Mélanger à la spatule le blanc d'œuf, le sucre glace et le jus de citron jusqu'à obtenir une pâte lisse.

RECETTES COMPLÉMENTAIRES

CRAQUELIN

PRÉPARATION 10 MIN

POUR RECOUVRIR 50 CHOUX

50 g de cassonade, 50 g de farine, 40 g de beurre

Mélanger la cassonade, la farine et le beurre jusqu'à obtenir une pâte homogène.

L'étaler à 2 mm d'épaisseur entre deux feuilles plastifiées ou siliconées, à l'aide d'un rouleau à pâtisserie.

Détailler la pâte en disques de 2 cm de diamètre et en poser un sur chacun des choux avant de les enfourner.

GANACHE

PRÉPARATION 10 MIN
CUISSON 5 MIN

250 g de chocolat noir, 125 g de crème liquide,
¼ de gousse de vanille

Couper le chocolat en petits morceaux et le ramollir (sans chercher à le faire fondre) au four à micro-ondes réglé à faible puissance.

Fendre la gousse de vanille en deux dans le sens de la longueur. Faire chauffer la crème, si possible à 85 °C, et y faire infuser la vanille pendant quelques instants.

Verser la crème encore chaude sur le chocolat, le laisser fondre et fouetter jusqu'à ce que le mélange soit homogène.

Utiliser la ganache avant qu'elle ne soit complètement refroidie.

Pour garnir les macarons, utiliser une poche à douille, le travail est plus propre et plus rapide.

Creuser légèrement l'intérieur des coques avant de les garnir permet de mettre un peu plus de crème. Cela renforce également l'assemblage des coques, qui ne peuvent glisser.

LEXIQUE DES TERMES UTILISÉS

BATTRE DES ESCALOPES
Battre des escalopes a pour but d'aplatir les zones épaisses afin de donner aux tranches de viande la même épaisseur partout, ce qui permet de leur assurer une cuisson régulière.

BEURRE EN POMMADE
Un beurre en pommade est un beurre très mou (mais pas fondu), à la consistance onctueuse.

BEURRE NOISETTE
Beurre cuit très lentement, que la caséine colore et auquel elle apporte un goût particulier.

BLANCHIR
• Fait de plonger des légumes dans de l'eau bouillante durant quelques minutes, puis de les rafraîchir et de les égoutter pour éliminer leur âcreté (c'est une cuisson complète pour les épinards). Les pommes de terre et les légumes secs se blanchissent avec un départ à l'eau froide.
• Immerger une viande ou des abats dans de l'eau froide ensuite portée à ébullition, pour éliminer l'excédent de sel ainsi que les impuretés, ou pour raffermir les chairs.
• Travailler vigoureusement des jaunes d'œuf et du sucre à l'aide d'une spatule en bois pour préparer une crème anglaise, une crème pâtissière...

CANNELER
Pratiquer des petites cannelures à l'aide d'un couteau canneleur à la surface de certains fruits ou légumes pour améliorer leur présentation.

CHIQUETER
Favoriser la présentation d'une tarte en pâte feuilletée, sucrée, brisée ou sablée en pratiquant des petites entailles régulières sur le bord de l'abaisse de pâte avant cuisson, soit avec un couteau d'office, soit à l'aide d'une pince à chiqueter.

CONCASSER
Hacher grossièrement (persil, tomates, os, arêtes...).

CREVER
Plonger du riz – soigneusement lavé au préalable – dans de l'eau froide et porter à ébullition durant quelques minutes, jusqu'à éclatement des grains (riz au lait, riz Condé...).

CUIRE À LA NAPPE
Cuire jusqu'à ce que la crème couvre la spatule, puis passer le doigt sur celle-ci : si la trace de doigt perdure, la crème est cuite. La température de la crème est alors entre 82 et 84 °C.

CUIRE À L'ANGLAISE
Cuire un légume dans de l'eau bouillante salée avec un départ à l'eau bouillante. Une exception : les pommes de terre, qui se cuisent avec un départ à l'eau froide.

DÉCANTER
• Pendant la préparation d'un beurre clarifié, éliminer l'écume (constituée de matières non grasses), puis verser délicatement le beurre fondu dans un autre récipient pour le séparer du petit-lait, un peu plus lourd.
• Pour un ragoût, séparer les éléments solides des éléments liquides.
• Changer une préparation (ragoût, fricassée) de récipient afin d'éliminer la garniture aromatique.

DÉCUIRE
Ramener un sucre cuit à un degré de concentration inférieur en lui ajoutant un peu d'eau.

DÉGERMER
Partager une gousse d'ail en deux et en extraire le germe.

DÉGLACER
Liquéfier les sucs caramélisés au fond d'un récipient de cuisson en ajoutant un liquide (eau, fond, vin).

ÉBARBER
Éliminer les nageoires, ce qui est la première phase de l'habillage des poissons.

ÉCAILLER
• Éliminer les écailles d'un poisson.

LEXIQUE DES TERMES UTILISÉS

• Gratter les pattes d'une volaille après l'avoir fait flamber.

ÉCOSSER
Enlever les cosses entourant les graines des légumineuses (petits pois, fèves, haricots en grains).

ÉCUMER
Éliminer, à l'aide d'une écumoire, l'écume qui se forme à la surface d'un fond ou d'une sauce.

ÉMINCER
Couper (tailler) en tranches fines oignons, poireaux, légumes, fruits... Il est important de couper de manière régulière, et le couteau idéal pour cela est l'éminceur !

ÉMULSION
Mélange de deux produits non miscibles, qui va sembler homogène sous l'action d'une agitation mécanique (comme la vinaigrette).

ÉQUEUTER
Tirer la tige depuis la base de la feuille vers le haut, en arrachant au passage les grosses nervures.

FOND BRUN CLAIR
Un fond brun clair est un fond brun non lié, donc très liquide.

FOULER
Passer une préparation au chinois en appuyant fortement avec un pochon.

FRAISER
Rendre une pâte (brisée, sablée) plus homogène en l'écrasant et en la poussant devant soi sur le plan de travail avec la paume de la main.

GASTRIQUE
Mélange de sucre et de vinaigre blanc cuit jusqu'à obtention d'une couleur blonde. La gastrique est la base des sauces aigres-douces contenant des fruits (canard à l'orange, par exemple).

LÈCHES
Les lèches sont de longs bâtonnets de viande épais d'environ 1 cm.

LIER
Donner une certaine consistance à un fond, à une sauce ou à un potage en ajoutant un élément de liaison (amidon, fécule, jaune d'œuf...).

LIER ET PARER LES ASPERGES
Attacher les asperges leur évite de se casser en se choquant lors de la cuisson, et les parer régulièrement leur assure une cuisson homogène.

LIMONER
Éliminer sous un filet d'eau les parties sanguinolentes et les peaux de certains abats (cervelle, amourettes...).

MACARONER
Rendre homogène une pâte à macarons en exerçant des mouvements du centre du bol vers l'extérieur avec une spatule souple, en tournant le bol au fur et à mesure.

MONDER
Éliminer la peau de certains légumes ou fruits en les plongeant pendant quelques secondes dans de l'eau bouillante et en les rafraîchissant immédiatement (tomates, pêches, prunes, amandes, pistaches...).

PANADE
Mélange d'eau, de beurre, de farine et de sel cuits ensemble, qui constitue la base des pâtes à choux ou de certaines quenelles.

PILER
Réduire un aliment en purée à l'aide d'un pilon et d'un mortier.

PINCER UNE GARNITURE
Pincer une garniture consiste à la colorer très légèrement dans un corps gras. Il faut veiller à ne pas trop la colorer, faute de quoi elle communiquerait un goût amer à la sauce.

RAIDIR
Faire sauter une viande sans coloration pour raffermir les fibres (fricassée de volaille...).

RISSOLER
• Faire sauter un aliment dans un peu de matière grasse en le colorant. Synonyme de « revenir ».
• Cuire des pommes de terre dans un peu de matière grasse après les avoir blanchies (pommes cocotte, pommes noisettes, pommes château).

SINGER
Saupoudrer un ragoût de farine pour en assurer la liaison.

SOMMITÉS DE CHOU-FLEUR
Les sommités sont les tout petits bouquets qui se trouvent à la surface de la pomme du chou-fleur. Elles doivent être prélevées à l'aide d'un petit couteau pointu.

SUER
Éliminer l'eau de végétation d'un légume en le chauffant doucement avec un corps gras et en évitant toute coloration.

TORRÉFIER DES NOISETTES
Colorer et sécher des fruits secs (noisettes, pignons, amandes...) en les passant au four à 160 °C jusqu'à obtention d'une coloration, qui sera plus ou moins soutenue selon l'utilisation envisagée.

TRONÇONNER
• Tailler certains légumes en gros morceaux de forme allongée (tronçons de poireau, de carotte...).
• Découper certains poissons selon une technique particulière (tronçons de cabillaud, de turbot...).

TABLE DES MATIÈRES

Sommaire 2

CRÈME DUBARRY 6
blanchir du chou-fleur 8
cuire à l'anglaise 9
faire suer un légume 10
lier un potage 10
crémer un potage 10

Terrine de poisson 12
farce mousseline 15
monter une terrine 15-16

ŒUFS COCOTTE, MOUILLETTES D'ASPERGE VERTE 18
cuire des asperges à l'anglaise 20
mettre en place un bain-marie 21
œuf cocotte 21-22
beurre pommade 22

COQUILLES SAINT-JACQUES AUX NOISETTES 24
ouvrir des coquilles Saint-Jacques 26
torréfier des noisettes 27
faire sauter des noix de saint-jacques 27-28
beurre noisette 27-28

SOUFFLÉS AU FROMAGE 30
roux blanc 32
chemiser des moules 32
beurre en pommade 32
béchamel 33
sauce Mornay 33
appareil à soufflé 34
blancs en neige 34

FOIE GRAS EN TERRINE 36
déveiner un foie gras 38
assaisonner un foie gras 38
cuire un foie gras 39-40

SAUMON FUMÉ 42
désarêter un filet de poisson 44
saler un filet de saumon 44
fumer du saumon 45-46

TERRINE DE LAPIN AUX FOIES DE VOLAILLE 48
mariner une viande 50-51
farce à pâté 51-52
lèches 51-52
monter une terrine 51-52

ALLUMETTES AU FROMAGE 54
beurre de tourage 54
pâte feuilletée 56
détrempe 56
roux blanc 57
sauce Mornay 57
monter une allumette 58

VOL-AU-VENT 60
pocher des suprêmes de volaille 62
roux blanc 62
cuire des champignons à blanc 62
croûte d'un vol-au-vent 63
chiqueter 63
monter un vol-au-vent 64
sauce crème 64

RATATOUILLE 66
tailler les légumes 68
monder des tomates 68
peler des poivrons 68
dégermer de l'ail 69
cuire les légumes 69-70

BLANQUETTE DE VEAU 72
blanchir une viande 74
écumer 74
garniture aromatique 74
pocher une viande avec départ à froid 75
roux blanc 75
décanter une viande 75-76
lier une sauce 76

QUICHE AUX OIGNONS 78
pâte brisée salée 80
compoter des oignons 80
fraiser une pâte 80
sauter des oignons 81
blanchir des lardons 81
foncer une pâte 81
cuire une pâte à blanc 81
appareil à crème prise 82

LÉGUMES FARCIS 84
évider des légumes 86
farce des légumes 86-87
cuire des légumes farcis au four 88

TABLE DES MATIÈRES

POTÉE 90
dessaler une viande 92
blanchir une viande 92
écumer 92
blanchir du chou 93
clouter des oignons 93
cuire une viande fumée 93-94

POT-AU-FEU QUI DEVIENT HACHIS PARMENTIER 96
pocher des viandes 98
blanchir des os à moelle 98
sauce tomate 99
purée (pour un gratin) 100
gratiner 100
hachis Parmentier 100

CHOUCROUTE AU RIESLING 102
cuire au vin blanc 104
clouter des oignons 104
pommes vapeur 105-106
tourner des légumes 105-106
pocher une viande 106

BŒUF BOURGUIGNON 108
mariner une viande au vin rouge 110
rissoler une viande 111
pincer 111
cuire un ragoût 111-112
mouiller un ragoût 112

NAVARIN D'AGNEAU 114
détailler une épaule d'agneau 116
singer 117
décanter 118
rissoler 116-117

POULET SAUTÉ À LA BASQUAISE ET TIAN DE LÉGUMES 120
monder des poivrons 122
monder des tomates 122
garniture basquaise 122
sauter du poulet 123
monter un tian 124
tian de légumes 124

SAUMON À L'OSEILLE, JARDINIÈRE DE LÉGUMES 126
jardinière de légumes 126
équeuter l'oseille 128
crème d'oseille 129
cuire à l'unilatérale 130

SOLES MEUNIÈRE 132
habiller une sole 134
ébarber 134
écailler 134
cuire un poisson fariné 134-135
beurre meunière 135-136
beurre noisette 135-136
canneler 136

BOUILLABAISSE 138
préparer un poisson 140
limoner 140
fumet de poisson 140-141
croûtons aillés 141
rouille 142

FRICASSÉE DE LAPIN CHASSEUR, POMMES DAUPHINE 144
cuire en fricassée 146-147
appareil à pommes Dauphine 147
pommes Dauphine 148
friture 148
pâte à choux 148
panade 148

PAUPIETTES DE VEAU ET GRATIN DAUPHINOIS 150
gratin dauphinois 152
farce pour paupiettes 153

CANARD À L'ORANGE, RAGOÛT DE LÉGUMES D'HIVER 156
poêler une viande 158
sauce aux fruits 159
gastrique 159
décuire 159
fond de poêlage 159
ragoût de légumes d'hiver 160

TARTE AUX POMMES SUR COMPOTE 162
pâte sucrée 164
compote de pommes 164
foncer un cercle 165
monter une tarte 165-166
cuire une tarte 166

RIZ AU LAIT 168
crever du riz 170
lier un riz 172

MINIBABAS CHANTILLY 174
pâte à savarin 176
sirop de trempage 176-177
chantilly 178

PROFITEROLES 180
crème anglaise 182
cuire à la nappe 182
glace vanille 182-183
rattraper une crème tranchée 183
sauce chocolat 184

MOKA 186
chemiser un moule 188
sirop de punchage 188
génoise 188-189
crème au beurre au café 189

MACARONS 192
tant-pour-tant 194
meringue française 194-195
macaroner 195
appareil à macarons 195
coques de macarons 195-196

PARIS-BREST 198
pâte à choux 200
panade 200
crème pâtissière 201-202
crème pralinée 201-202

OPÉRA 204
biscuit Joconde 206
crème au beurre 206-207
ganache au chocolat noir 207
nappage 207-208
chablonner 208

ÉCLAIRS AU CHOCOLAT 210
pâte à choux 212
panade 212
coucher des éclairs 213
crème pâtissière 213-214
glaçage au fondant 214

INDEX DES RECETTES

Allumettes au fromage 54
appareils
appareil à crème prise 82
appareil à macarons 195
appareil à pommes Dauphine 147

béchamel 33
beurres
beurre meunière 135-136
beurre noisette 27-28, 135-136
beurre pommade 22, 32
biscuit Joconde 206
Blanquette de veau 72
Bœuf bourguignon 108
Bouillabaisse 138

Canard à l'orange, ragoût de légumes d'hiver 156
chantilly 178
Choucroute au riesling 102
compote de pommes 164
coques de macarons 195-196
Coquilles Saint-Jacques aux noisettes 24
crèmes sucrées
crème anglaise 182
crème au beurre 189, 206-207
crème pâtissière 201-202, 213-214
crème pralinée 201-202
crème d'oseille 129
Crème Dubarry 6
croûtons aillés 141

Éclairs au chocolat 210

farces
farce à pâté 51-52
farce mousseline 15
farce pour des légumes 86-87
farce pour des paupiettes 153
Foie gras en terrine 36
Fricassée de lapin chasseur, pommes Dauphine 144
fumet de poisson 140-141

ganache au chocolat noir 207
garniture basquaise 122
gastrique 159
génoise 188-189
glaçage au fondant 214
glace vanille 182-183
gratin dauphinois 152

hachis Parmentier 100

jardinière de légumes 126

Légumes farcis 84

Macarons 192
meringue française 194-195
Minibabas chantilly 174
Moka 186

Navarin d'agneau 114

Œufs cocotte, mouillettes d'asperge verte 18
Opéra 204

Paris-brest 198
pâtes
pâte à choux 148, 200, 212
pâte à savarin 176
pâte brisée salée 80
pâte feuilletée 56
pâte sucrée 164
Paupiettes de veau et gratin dauphinois 150
pommes Dauphine 148
pommes vapeur 105-106
Pot-au-feu qui devient hachis Parmentier 96
Potée 90
Poulet sauté à la basquaise et tian de légumes 120
Profiteroles 180
purée (pour un gratin) 100

Quiche aux oignons 78

ragoût de légumes d'hiver 160
Ratatouille 66
Riz au lait 168
rouille 142
roux blanc 32, 57, 62, 75

sauces salées
sauce crème 64
sauce Mornay 33, 57
sauce tomate 99
sauces sucrées
sauce aux fruits 159
sauce chocolat 184
Saumon à l'oseille, jardinière de légumes 126
Saumon fumé 42
sirops
sirop de punchage 188
sirop de trempage 176-177
Soles meunière 132
Soufflés au fromage 30

Tarte aux pommes sur compote 162
Terrine de lapin aux foies de volaille 48
Terrine de poisson 12
tian de légumes 124

Vol-au-vent 60

INDEX DES GESTES TECHNIQUES

assaisonner un foie gras 38

blanchir
- blanchir des lardons 81
- blanchir des os à moelle 98
- blanchir du chou 93
- blanchir du chou-fleur 8
- blanchir une viande 74, 92

canneler 136
chablonner 208
chemiser un moule 32, 188
chiqueter 63
clouter des oignons 93, 104
compoter des oignons 80
coucher des éclairs 213
crémer un potage 10
crever du riz 170
cuire
- cuire à blanc des champignons 62
- cuire à blanc une pâte 81
- cuire à la nappe 182
- cuire à l'anglaise 9, 20
- cuire à l'unilatérale 130
- cuire au vin blanc 104
- cuire en fricassée 146-147
- cuire une tarte 166
- cuire une viande fumée 93-94
- cuire un foie gras 39-40
- cuire un poisson fariné 134-135
- cuire un ragoût 111-112

décanter 75-76, 118
décuire 159
dégermer de l'ail 69
désarêter un filet de poisson 44
dessaler une viande 92
détailler une épaule d'agneau 116
déveiner un foie gras 38

ébarber 134
écailler 134
écumer 74
équeuter l'oseille 128
évider des légumes 86

faire suer un légume 10
farce mousseline 15
foncer 81, 165
fraiser une pâte 80
fumer du saumon 45-46

gratiner 100

habiller une sole 134

lier
- lier une sauce 76
- lier un potage 10
- lier un riz 172

limoner 140

macaroner 195
mariner une viande 50-51, 110
mettre en place un bain-marie 21
monder (peler)
- monder des poivrons 68, 122
- monder des tomates 68, 122

monter
- monter une tarte 165-166
- monter une terrine 15-16, 51-52
- monter un tian 124

mouiller un ragoût 112

ouvrir des coquilles Saint-Jacques 26

peler (monder)
- monder des poivrons 68, 122
- monder des tomates 68, 122

pincer 111
pocher
- pocher des suprêmes de volaille 62
- pocher une viande 75, 98, 106

poêler une viande 158
préparer un poisson 140

rattraper une crème tranchée 183
rissoler une viande 111, 116-117

saler un filet de saumon 44
sauter
- sauter des légumes 69-70
- sauter des noix de saint-jacques 27-28
- sauter des oignons 81
- sauter du poulet 123

singer 117

tailler les légumes 68
torréfier des noisettes 27
tourner des légumes

INDEX DES INGRÉDIENTS

AGNEAU
Navarin d'agneau 114

AIL
Bouillabaisse 138
rouille 142

AMANDES EFFILÉES
Moka 186
Paris-brest 198

ASPERGES
Œufs cocotte, mouillettes d'asperge verte 18

AUBERGINES
Poulet sauté à la basquaise et tian de légumes 120
Ratatouille 66
tian de légumes 124

BAGUETTE
Bouillabaisse 138
croûtons aillés 141

BEURRE
beurre meunière 135-136
beurre noisette 27-28, 135-136
beurre pommade 22, 32
crème au beurre 189, 206-207
ganache au chocolat noir 207
Opéra 204
Soles meunière 132

BŒUF
Bœuf bourguignon 108
hachis Parmentier 100
Pot-au-feu qui devient hachis Parmentier 96
bourgogne
Bœuf bourguignon 108

CACAO
Éclairs au chocolat 210
glaçage au fondant 214

CANARD
Canard à l'orange, ragoût de légumes d'hiver 156

CAROTTES
Canard à l'orange, ragoût de légumes d'hiver 156
jardinière de légumes 126
Pot-au-feu qui devient hachis Parmentier 96
Potée 90
ragoût de légumes d'hiver 160
Saumon à l'oseille, jardinière de légumes 126

CÉLERI-RAVE
Canard à l'orange, ragoût de légumes d'hiver 156
ragoût de légumes d'hiver 160

CHAIR À SAUCISSE
Légumes farcis 84

CHAMPIGNONS DE PARIS
Fricassée de lapin chasseur, pommes Dauphine 144
Vol-au-vent 60

CHOCOLAT NOIR
Opéra 204
Profiteroles 180
sauce chocolat 184

CHOU
Potée 90

CHOU-FLEUR
Crème Dubarry 6

CHOUCROUTE CRUE
Choucroute au riesling 102

CONGRE
Bouillabaisse 138
fumet de poisson 140-141
soupe de poissons 138

COQUILLES SAINT-JACQUES
Coquilles Saint-Jacques aux noisettes 24

COURGETTES
Légumes farcis 84
Poulet sauté à la basquaise et tian de légumes 120
Ratatouille 66
tian de légumes 124

CRÈME LIQUIDE
chantilly 178
Minibabas chantilly 174

DORADE
Bouillabaisse 138
fumet de poisson 140-141
soupe de poissons 138

ÉCHINE DE PORC
Choucroute au riesling 102

ÉPAULE D'AGNEAU
Navarin d'agneau 114

ESCALOPES DE VEAU
Paupiettes de veau et gratin dauphinois 150

ÉTRILLES
Bouillabaisse 138
fumet de poisson 140-141
soupe de poissons 138

EXPRESSO
crème au beurre au café 189
Moka 186
Opéra 204

FOIE GRAS
Foie gras en terrine 36

FOIES DE VOLAILLE
farce à pâté 51-52
Terrine de lapin aux foies de volaille 48

FONDANT PÂTISSIER
Éclairs au chocolat 210
glaçage au fondant 214

FROMAGE
Allumettes au fromage 54
sauce Mornay 33, 57
Soufflés au fromage 30

GÎTE
Pot-au-feu qui devient hachis Parmentier 96

GROS SEL
Saumon fumé 42

HARICOTS VERTS
jardinière de légumes 126
Saumon à l'oseille, jardinière de légumes 126

JARRET DE PORC SALÉS
Potée 90

LAIT
crème anglaise 182
glace vanille 182-183
Profiteroles 180
Riz au lait 168

LAPIN
farce à pâté 51-52
Fricassée de lapin chasseur, pommes Dauphine 144
Terrine de lapin aux foies de volaille 48

LARD ET LARDONS
farce des paupiettes 153
Paupiettes de veau et gratin dauphinois 150
Pot-au-feu qui devient hachis Parmentier 96
Quiche aux oignons 78

MACREUSE
Pot-au-feu qui devient hachis Parmentier 96

MERLAN
Bouillabaisse 138
farce mousseline 15
fumet de poisson 140-141
soupe de poissons 138
Terrine de poisson 12

NAPPAGE BLOND
Minibabas chantilly 174
Tarte aux pommes sur compote 162

INDEX DES INGRÉDIENTS

NAVETS
Canard à l'orange, ragoût de légumes d'hiver 156
jardinière de légumes 126
Pot-au-feu qui devient hachis Parmentier 96
Potée 90
ragoût de légumes d'hiver 160
Saumon à l'oseille, jardinière de légumes 126
saumon à l'unilatérale 130

NOISETTES
Coquilles Saint-Jacques aux noisettes 24
noisettes torréfiées 27

ŒUFS
appareil à crème prise 82
appareil à macarons 195
biscuit Joconde 206
crème anglaise 182
crème au beurre 189, 206-207
crème pâtissière 201-202, 213-214
crème pralinée 201-202
Éclairs au chocolat 210
génoise 188-189
glace vanille 182-183
Légumes farcis 84
Macarons 192
meringue française 194-195
Minibabas chantilly 174
Moka 186
Œufs cocotte, mouillettes d'asperge verte 18
Opéra 204
Paris-brest 198
pâte à choux 200, 212
pâte à savarin 176
Profiteroles 180
Quiche aux oignons 78
Riz au lait 168
Soufflés au fromage 30

OIGNONS
garniture basquaise 122
Légumes farcis 84
Poulet sauté à la basquaise et tian de légumes 120
Quiche aux oignons 78
Ratatouille 66

ORANGES
Canard à l'orange, ragoût de légumes d'hiver 156
gastrique 159
sauce aux fruits 159

OS À MOELLE
Pot-au-feu qui devient hachis Parmentier 96

OSEILLE
crème d'oseille 129
Saumon à l'oseille, jardinière de légumes 126

PALERON DE BŒUF
Bœuf bourguignon 108

PANAIS
Canard à l'orange, ragoût de légumes d'hiver 156
ragoût de légumes d'hiver 160

PÂTE FEUILLETÉE
Vol-au-vent 60

PETIT SALÉ
Potée 90

PETITS POIS
jardinière de légumes 126
Saumon à l'oseille, jardinière de légumes 126

PLAT DE CÔTES
Pot-au-feu qui devient hachis Parmentier 96

POIREAUX
Crème Dubarry 6
Pot-au-feu qui devient hachis Parmentier 96

POITRINE DE PORC
Choucroute au riesling 102

POIVRONS
garniture basquaise 122
Poulet sauté à la basquaise et tian de légumes 120
Ratatouille 66

POMMES
compote de pommes 164
pâte sucrée 164
Tarte aux pommes sur compote 162

POMMES DE TERRE
Choucroute au riesling 102
Fricassée de lapin chasseur, pommes Dauphine 144
gratin dauphinois 152
hachis Parmentier 100
Paupiettes de veau et gratin dauphinois 150
pommes Dauphine 148
pommes vapeur 105-106
Pot-au-feu qui devient hachis Parmentier 96
Potée 90
purée (pour un gratin) 100

PORC
Choucroute au riesling 102
Potée 90

POUDRE D'AMANDES
biscuit Joconde 206
Macarons 192
Opéra 204
tant-pour-tant 194

POULET
garniture basquaise 122
Poulet sauté à la basquaise et tian de légumes 120
Vol-au-vent 60

PRALINÉ EN PÂTE
crème pralinée 201-202
Paris-brest 198

QUENELLES DE VOLAILLE
Vol-au-vent 60

RASCASSE
Bouillabaisse 138
fumet de poisson 140-141
soupe de poissons 138

RIZ ROND
Riz au lait 168

ROUGET GRONDIN
Bouillabaisse 138
fumet de poisson 140-141
soupe de poissons 138

SAUCISSES
Choucroute au riesling 102
Potée 90

SAUMON
Saumon à l'oseille, jardinière de légumes 126
Saumon fumé 42

SOLES
Soles meunière 132

TOMATES
garniture basquaise 122
Légumes farcis 84
Poulet sauté à la basquaise et tian de légumes 120
Ratatouille 66
sauce tomate 99
tian de légumes 124

VANILLE
crème anglaise 182
glace vanille 182-183
Profiteroles 180
Riz au lait 168

VEAU
Blanquette de veau 72
farce des paupiettes 153
Paupiettes de veau et gratin dauphinois

LES ATELIERS DE MasterChef

Christophe Dovergne et Damien Duquesne remercient tout particulièrement :
• toute l'équipe des éditions Solar pour son professionnalisme ;
• la grande famille de 750grammes ;
• nos maîtres d'apprentissage, les chefs et tous les amis qui nous ont aidés à devenir ce que nous sommes.

Un merci particulier à Fred Gouteau, Nico Pastot et Fred Andres.
Merci à nos amis bloggeurs, qui vivent et nous font partager leur passion à fond !
Merci à nos étudiants et anciens élèves, qui se souviennent encore un peu de nous...
Merci au lycée Jesse-de-Forest à Avesnes-sur-Helpe pour leur accueil et l'aide apportée à la réalisation de cet ouvrage.
Merci enfin et surtout à nos familles, qui nous supportent au quotidien !

Merci à notre partenaire TomPress pour le prêt du fumoir de table (www.tompress.com).
L'éditeur et Thomas Dhellemmes remercient Staub.

Direction : Jean-Louis Hocq

Direction éditoriale : Suyapa Granda Bonilla

Édition : Marion Guillemet-Bigeard

Rédaction : Chloé Chauveau

Création graphique, réalisation, couverture & intérieur : Guylaine Moi

Fabrication : Céline Premel-Cabic

Photogravure : Articrom

ISBN : 978-2-26306505-7
code éditeur : S06505
dépôt légal : avril 2014
imprimé en Espagne par GRAFICAS ESTELLA

Solar | un département **place des éditeurs**

place des éditeurs

Dans la même collection